Every-day Americans Thinking and Being: Sociological Commentary

By Dr. Marshall A. Botkin, Ph.D.

Translated by   *Olga V. Spachil, Ph.D. and*
                       Irina V. Rayushkina, Ph.D.

Edited by   *Kamilya Khuramshina, Ph.D.*

Что думают и как живут простые американцы: социологический аспект

Автор: проф. Маршалл А. Боткин, доктор философии

Перевод с английского: *Ольга В. Спачиль, к.ф.н.,*
                                Ирина В. Раюшкина, к.ф.н.

Редактор   *Камиля Хурамшина, к.ф.н.*

2018

Acknowledgements

Many people have made the publication of this book possible. Certainly, the interviewees are appreciated. They took time from their daily routines to speak with me, and I am honored that they agreed to share their feelings and they allowed me to provide to the reader, a window into their daily lives. As they will see when they read this book, I have changed their names out of respect for their privacy; however, I owe them a debt of gratitude.

I would also like to thank Drs. Olga Spachil and Irina Rayushkina for their fine translation and for believing in the project. Both of these professors are from Kuban State University and are an example of the dedicated people who work at this fine institution.

I express my deepest feelings to my first reader, my wife Sharon Botkin, who continually supports me in my many activities. Thank you my love, I could not have done it without you.

Further, I would thank my editor, friend and colleague Dr. Kamilya Khuramshina. Her motivational support and the many hours of editing are beyond calculation. Without her help and inspiration, this book would not exist.

In truth, we all believe in the project and it is our hope that the reader will better understand every-day Americans.

Dr. Marshall A. Botkin   marshalladrianco@yahoo.com

Выражение признательности

Многие люди сделали возможным публикацию этой книги. Конечно, я благодарен собеседникам. Они оторвались от своих повседневных дел для разговора со мной, и я горжусь, что они согласились поделиться своими чувствами, и позволили мне открыть читателю окно в их повседневную жизнь. Когда они будут читать эту книгу, они увидят, что я изменил их имена из уважения к их частной жизни; тем не менее, за мной остается долг благодарности им.

Я хотел бы также поблагодарить профессоров Ольгу Спачиль и Ирину Раюшкину за их прекрасный перевод и веру в этот проект. Они обе - профессора Кубанского Государственного Университета и являются примером преданных своему делу людей, которые работают в этом прекрасном заведении.

Я выражаю мои глубочайшие чувства моему первому читателю, моей жене Шэрон Боткин, которая постоянно поддерживает меня во многих моих делах. Спасибо, моя любовь, я не мог бы сделать этого без тебя.

Кроме того, я хотел бы поблагодарить моего редактора, друга и коллегу профессора Камилю Хурамшину. Ее мотивационную поддержку и многие часы редактирования невозможно подсчитать. Без ее помощи и вдохновения этой книги бы не было.

По правде говоря, мы все верим в этот проект и надеемся, что, прочитав эту книгу, читатель будет лучше понимать простых американцев.

Профессор Маршалл Боткин   marshalladrianco@yahoo.com

Content – Оглавление

Every-day Americans Thinking and Being: Sociological Commentary

First Thoughts

As I look at the title of this book, what is immediately apparent is the audacity required to think that anyone would attempt to write a book on insights into American thinking and being. It is a complex topic at best and finding a typical American would be a search for something non-existent. The very notion of America is a complex tapestry of diversity where many different cultural, religious, racial and economic backgrounds converge. Americans are shaped by many variables. Generally, native born Americans have different viewpoints than those who immigrate. Economics and class determine living styles and shape thinking as well.   Americans are also affected by ethnic background, race, religion, family, and media.   To make things more complex, thinking changes as we age or get a more worldly education. American thinking, besides the obvious cultural differences, is fluid and changes with the passage of time.

Another point is that if you really want to understand a culture, you should talk to the people themselves. I am not talking about politicians or business people; I mean the regular people who live each day in the culture and have a real understanding of how things work. After all, we are talking about American peoples' lives and daily routine and when we engage them in conversation in an informal manner, much knowledge can be gained.

Что думают и как живут простые американцы: социологический аспект

Первые мысли

Судя по названию этой книги, первое, что приходит в голову – это дерзкая мысль, будто книгу о том, что думают и как живут американцы, может написать кто угодно. По большому счету, это сложная тема, а поиск типичного американца – это поиск того, чего не существует. Само представление об Америке – это замысловатый гобелен, сотканный из многообразия различных культурных, религиозных, расовых и экономических нитей. Формирование американцев происходит под воздействием множества переменных составляющих. В целом, у людей, рожденных в Америке, совершенно иные взгляды, чем у тех, кто сюда иммигрировал. На образ мыслей и стиль жизни американцев влияют как экономика и общественный статус, так и этническое происхождение, расовая принадлежность, религия, семья и СМИ. Задача усложняется по мере того, как меняется их мышление в зависимости от возраста или уровня образования. Американский образ мыслей, помимо очевидных культурных различий, неустойчив и меняется с течением времени.

Другое дело, если вы действительно хотите понять культуру, вы должны разговаривать с самими людьми. Я не говорю о политиках или деловых людях, я имею в виду обычных людей, которые каждый день живут в этой культуре и имеют реальное представление о том, что и как работает. Ведь мы говорим об американцах, ведущих обычный образ жизни, и когда мы вступаем с ними в разговор в неформальной обстановке, можно получить намного больше информации.

Those of us who travel more frequently understand that we learn more from talking to the everyday people then we can learn from repetitive tour guides who paint a picture designed for the digestion of tourists.

The challenge, it would appear, is how to reflect cultural understanding about such a diverse population. How can we incorporate a myriad of popular ideas and cultural thinking into a readable and meaningful text? How do we identify the commonalities, which cross such a diverse population?

A possible solution, it would seem, is to interview everyday people who live in America, and select a population sample consisting of different ages, classes, ethnic and social backgrounds. Put them at ease in a relaxed setting allowing them to talk freely and candidly about the daily reality of their lives. Next, provide a basic set of interview questions to ask our sampled population and still be flexible enough to follow the dialog if it travels in a direction, which promises to yield additional understanding and clarity. Thus, it is from this solution that I developed the format for the book.

What is unique about this book is that it takes the interviews and converts them into short stories about each subject's life. The format provides three sections per chapter. Section one is called, "Setting the Scene." In this part of the story, I provide the reader with background material, which can be helpful in understanding the perspective of the American being interviewed. The second section is the story or interview itself.

Те из нас, кто путешествует чаще, понимают, что мы узнаем больше от простых людей, чем от повторяющих одно и то же экскурсоводов, рисующих картину, предназначенную исключительно для восприятия туристов.

Проблема, видимо, в том, как донести понимание своей культуры столь пестрым населением. Как соединить множество самых распространенных взглядов на культуру в один удобочитаемый и осмысленный текст? Как выявить те общие черты, которые встречаются у такого разношерстного населения?

Кажется, что возможным решением этой проблемы было бы интервью обычных людей, живущих в Америке, и отбор наиболее популярных мнений среди населения в зависимости от возраста, общественного слоя, этнической и социальной принадлежности. Снимите напряжение, создайте им непринужденную обстановку, что позволит говорить свободно и откровенно о реальности своей повседневной жизни. Затем во время беседы предложите им ответить на ряд вопросов интервью и продолжайте быть достаточно гибкими, если чувствуете, что диалог идет в направлении, обещающим дать вам большую ясность и понимание. Вот такое решение проблемы позволило мне определить формат моей книги.

Уникальность этой книги в том, что взятые интервью преобразованы в короткие истории из жизни каждого респондента. Формат предусматривает наличие трех разделов в каждой главе. Первый раздел называется «Определение ситуации». В этой части я снабжаю читателя справочным материалом, который может быть полезен для понимания точки зрения опрашиваемого американца. Второй раздел – это чья-то история или само интервью.

These stories are based on actual interviews and information I extracted from the subjects. However, I also take poetic license in writing and may combine the details of two or more interviews in one story in order to avoid repetition and for the sake of clarity and understanding. In some cases it was necessary to adjust some of the language and examples to make them more appropriate for discriminating readers. Nonetheless, the reader should understand that all stories are factual to the best of my understanding. The third section is called "Sociological Commentary." It is in this section we are going to analyze the story and interview from a sociological perspective and attach commentary to the learning that was gleaned from the encounter.

Through each chapter and associated story, the reader will begin to see the perspective of everyday people living their lives in America. In the end, we will analyze all the stories and see if there is a common thread, which will give us insights into American thinking and being.

Основу всех историй составляют реальные встречи, а также информация, которую я получил от респондентов. Вместе с тем, описывая истории, я пользуюсь и поэтической вольностью, объединяя детали двух и более интервью в одну историю, чтобы избежать повторов и сделать эти истории доходчивыми и понятными. В нескольких случаях мне приходилось подгонять кое-какие формулировки и примеры под самого требовательного читателя. Тем не менее, читатель должен понимать, что все истории являются правдивыми в меру моего восприятия. Третий раздел называется «Социологический комментарий». Как раз в этом разделе мы будем анализировать истории и интервью с социологической точки зрения, прилагая комментарий к полученной информации.

По мере чтения каждой главы и соответствующей истории читатель начнет смотреть по-другому на жизнь простых, обычных американцев. В заключении мы проанализируем все истории и посмотрим, есть ли общая нить, которая даст нам понимание американского менталитета и образа жизни.

Chapter 1. Sittin' 'round the Table with Nettie

Setting the Scene

It would seem appropriate that we begin our quest to understand American thinking by visiting a rural American farm. Agriculture has played a key role in America's history and growth as a nation. At one time, in Colonial America, agriculture was the primary livelihood for 90% of the population. In 1910, the number of family farms reached its zenith with a count of 6.4 million. Today, that number has dwindled. Less than one percent of Americans claim farming as their principal occupation and only about two percent actually live on farms. Other than commercial farming or agribusiness, there are only 2 million small farms remaining.

Another difference is specialization. In colonial times, farms produced all means of agriculture for sustenance of the family. It was not uncommon to be raising cattle, chickens, growing field crops, and planting small produce gardens on the family farm. Today, farms typically specialize in one type of farming. By far, the number one field crop in America is corn. It is estimated that the output for corn in one calendar year will yield about 270 million metric tons. The number one livestock produced is chicken, yielding about 1.5 billion pounds in any given year.

Глава 1. За столом с Нетти

Определение ситуации

Представляется целесообразным начинать наши поиски понимания американского мышления с посещения сельской американской фермы. Сельское хозяйство сыграло ключевую роль в истории Америки и ее становления как нации. В свое время в колониальной Америке сельское хозяйство было главным источником дохода для 90% населения. В 1910 году количество семейных ферм достигло своего расцвета и насчитывало 6,4 миллиона хозяйств. Сегодня это число сократилось: менее одного процента американцев указывают земледелие в качестве основного занятия и только около двух процентов фактически живут на фермах. Помимо коммерческого сельского хозяйства или агробизнеса, осталось только 2 млн мелких фермерских хозяйств.

Еще одним отличием является специализация. В колониальные времена фермы всю производимую сельхозпродукцию использовали на жизнеобеспечение семьи. Тогда не было чем-то необычным разведение крупного рогатого скота, кур, выращивание полевых культур и посадка небольших садов на семейной ферме. Сегодня хозяйства, как правило, специализируются на одном виде фермерства. Безусловно, полевая культура номер один в Америке – это кукуруза. Подсчитано, что урожай кукурузы должен давать около 270 миллионов метрических тонн в год. В разведении домашнего скота птицеводство занимает лидирующее место и составляет около 1,5 млрд фунтов в год.

There are two basic reasons why American family farms are disappearing. First is the need for a large outlay of capital to make farming profitable and second, a need for large tracts of land to support the purchase of the capital equipment. To give the reader a concept of the costs of equipment, the following table will be helpful:

ITEM	USE	COST (K=US $1,000)
Compact Utility Tractor	Common on livestock farms	15-50K
Row-Crop Tractor	Designed for growing/cultivating row crops	100-300K
Four-Wheel-Drive Tractor	Large, high horsepower tractors for the most demanding tasks on large farms	225-400K
Combine	Machine that cuts and threshes grain crops	275-475K
Cotton Stripper	Strips the entire plant of both open and unopened bolls	175-200K
Cotton Picker	Removes the seed cotton from the plant and builds bales	400-700K
Sugarcane Harvester	Cuts cane at the base of the stalk, strips the leaves and chops it into consistent lengths.	350-450K

Существуют две основные причины, почему исчезают американские семейные фермы. Первая – это необходимость больших вложений, чтобы хозяйство стало прибыльным, а вторая – нужны большие участки земли для покупки основного оборудования. Чтобы дать читателю понятие о затратах на оборудование, обратимся к следующей таблице:

Наименование	Предназначение	Стоимость (К= 1000 долларов)
Компактный практичный трактор	В основном на животноводческих фермах	15-50К
Пропашной трактор	Предназначен для выращивания зерновых культур	100-300К
Полноприводный трактор	Большие тракторы высокой мощности для решения самых необходимых задач на крупных фермах	225-400К
Комбайн	Машина, которая собирает и обмолачивает зерновые культуры	275-475К
Хлопковый стриппер	Обдирает со всего растения раскрывшиеся и нераскрывшиеся хлопковые коробочки	175-200К
Хлопкоуборочный комбайн	Удаляет семена хлопка из растения и формирует их в тюки	400-700К
Комбайн для сбора сахарного тростника	Срезает тростник у основания стебля, обдирает листья и рубит его (тростник) на части равной длины	350-450К

These costs are extremely prohibitive for the family farmer. Obviously, they need to be well financed and select one area of agriculture, which would provide a good return. The same goes for the dairy, beef cattle or poultry industry. One needs to choose an area to emphasize. A good automatic milking parlor may require an outlay of 500K. Poultry farming requires almost 800K in start-up costs and no return in the first six months of operation. Most of these opportunities are not within the grasp of the family farmer. As a result, agriculture has become big business and the number of family farms continues to decline.

Another concern, beside start-up costs, for American family farms is government. We often hear farmers complain about government regulations that will put them out of business. Examples of such things are laws governing the environment, fertilizers, hunting and health and safety issues. These are issues farmers are constantly dealing with on a daily basis. The government often wants to tax land based on commercial use and not farm use. (This reflects a huge difference in the property's value and associated taxes.) There are also government regulations on production quotas, which are sometimes known as farm subsidies. An agricultural subsidy is governmental money paid to farmers and those in agribusiness not to grow a crop. The idea is that government wishes to manage the supply of commodities and have an influence on the costs of such commodities to the consumer.

Такие расходы непомерно высоки для семьи фермера. Понятно, что фермерские семьи должны быть хорошо профинансированы и выбирать один вид фермерства, который обеспечил бы хорошую отдачу. То же самое касается молочного, мясного животноводства или птицеводства. Из всего этого необходимо выбрать что-то одно. Хороший автоматический доильный аппарат может потребовать затраты в 500К. Птицеводство для начала требует почти 800К и невозврата расходов в первые шесть месяцев работы. Семья фермера не всегда понимает, что можно использовать эти возможности. В результате сельское хозяйство стало крупным бизнесом, а численность семейных хозяйств продолжает снижаться.

Другой проблемой, помимо начальных затрат, для американских семейных ферм является государство. Мы часто слышим, что фермеры жалуются на постановления правительства, которое вытесняет их из бизнеса. Примерами таких явлений являются законы, регулирующие защиту окружающей среды, использование удобрений, правила охоты, охраны и безопасности труда. Это те вопросы, с которыми фермеры сталкиваются ежедневно. Правительство часто хочет обложить налогом землю, используемую с коммерческой, а не с фермерской целью. (Это отражает огромную разницу в стоимости недвижимости и сопутствующих налогов.) Также существуют постановления правительства о квотировании сельхозпроизводства, что иногда называется фермерскими субсидиями. Сельскохозяйственные субсидии — это государственные деньги, выплачиваемые фермерам для того, чтобы они не выращивали сельхозпродукцию. Идея заключается в том, что правительство желает управлять поставками товаров и оказывать влияние на их потребительскую стоимость.

In recent years, there has been a movement among the public to embrace organic farm products. (Natural foods made without growth enhancers or chemicals) This has the potential to save the family farm from its eventual demise. Since 2005, the demand for organic foods has doubled. Currently, it has become a 35 billion dollar a year business. Such things as fruits and vegetables, dairy products and organic beverages hold the promise of a future for the family farm. It will be interesting to see if the demand for the organics continues.

Nettie's Story

It had been a long time since I visited Nettie on the farm. It's not that I don't enjoy my time there; it's just that my schedule of work in the city had kept me too busy to consider a visit. However, I had made a vow that I would see her before the end of the year. Now that it was already December, I felt compelled to keep that vow. I had known Nettie for about twenty years. When I met her, she was a participant in a sheep fitting and showing contest. I quickly learned she was a woman of strong conviction and great determination. She was passionate about everything she attempted and consistently directed and managed herself to complete any task that she initiated. You would not think it to look at her. A small woman in stature, she was barely five feet tall. Although on a small frame, her body was one coordinated muscle. It was a body built for physical work. She also was intelligent and a great social philosopher about the subject of life.

В последние годы среди населения наблюдается тенденция к употреблению органических сельскохозяйственных продуктов – натуральных продуктов, выращенных без химикатов или усилителей роста. Это тот потенциал, который спасет семейную ферму от возможного исчезновения. Начиная с 2005 года, спрос на органические продукты вырос вдвое. В настоящее время он достиг 35 миллиардов долларов в год. Фрукты, овощи, молочные продукты и органические напитки обещают перспективное будущее семейной ферме. Интересно, будет ли сохраняться спрос на органику и дальше.

История Нетти

Прошло много времени с тех пор, как я побывал на ферме у Нетти. Не то чтобы мне не понравилось там, просто мой рабочий график в городе был очень напряженным и не позволил мне посетить ферму еще раз. Тем не менее, я дал себе слово, что обязательно увижу Нетти до конца года. Теперь, когда наступил декабрь, я должен выполнить данное обещание. Мы с Нетти знакомы около двадцати лет. Я впервые увидел ее на конкурсе овцеводов, где она принимала участие, демонстрируя свои навыки. Я быстро понял, что Нетти – женщина твердых убеждений и непоколебимой решимости. Она страстно любила все, что делала, и последовательно направляла все свои усилия на выполнение любых задач, которые инициировала. Внешне такого впечатления эта женщина не производила – маленькая, ростом чуть выше 150 см. Несмотря на хрупкую с виду фигуру, ее тело – это одна гармоничная мышца, созданная для физической работы. Еще она была умным человеком и большим социальным философом в жизненных проблемах.

I genuinely enjoyed listening and discussing the mutual views we shared.

As my pickup truck headed north for Emmitsburg, I noted that Nettie was a good friend and I had been very negligent in my duty to visit her. Now that I was going, I was looking forward to one of our good philosophical conversations and to sampling some of Nettie's homemade foods. The farm is in the northern part of Frederick County, Maryland and the drive takes about thirty minutes. As I headed north on route 15, I ran parallel to the Catoctin Mountains. Long past fall colors, the mountains took on a purple haze against foreboding skies. It was both ominous and spectacular at the same time. There was awesome beauty in it. As I passed familiar places along my route, my thoughts were awakened to old personal histories associated with these memory scraps. Northern Frederick County and its magnificent park and recreation areas have afforded me much enjoyment over the years. My mind pondered these historical memories and was bolstered with positive and delightful reflections. The trip to Emmitsburg awakened my emotions and I was filled with renewed energy. I marveled that nature's beauty combined with happy memories are great companions for those travelling solo. I noted this as I turned on to the farm road to take me back to the house.

The farm is about 150 acres with two barns, a large brick house and several small outbuildings. The farm's purpose is to raise sheep, so about half of the land is kept in pasture.

Я искренне наслаждался, слушая ее и обсуждая те или иные вопросы, и во многом наши взгляды совпадали.

По мере того как мой пикап двигался на север к Эммиттсбургу, я подумал, что Нетти хороший друг, а я отнёсся небрежно к своему обещанию навестить ее. Теперь, когда я собирался это сделать, я предвкушал одну из наших приятных философских бесед и возможность отведать домашних продуктов Нетти. Ферма расположена в северной части графства Фредерик штата Мэриленд, и поездка на машине занимает около тридцати минут. По дороге на север по шоссе номер 15 я ехал параллельно Катоктинскому горному массиву. Давно потерявшие свой цвет горы были окутаны фиолетовой дымкой и упирались в небо, не предвещавшего ничего хорошего. В этом было что-то зловещее и захватывающее одновременно. Это было потрясающе красиво. На моем пути попадались знакомые места, и в голове проснулись прошлые истории из личной жизни, связанные обрывками памяти. На протяжении многих лет северное графство Фредерик, его великолепный парк и зоны отдыха дарили мне много радости. Я размышлял над этими историями, и мой разум подпитывался восхитительными воспоминаниями. Поездка в Эммиттсбург пробудила во мне эмоции и наполнила новой энергией. Я был изумлен тем, как красота природы в сочетании со счастливыми воспоминаниями могут быть отличной компанией для тех, кто путешествует в одиночестве. Я отметил это, когда свернул на дорогу, ведущую к дому на ферме.

Ферма вместе с двумя сараями, большим кирпичным домом и несколькими небольшими подсобными помещениями составляет около 60 гектаров. Она предназначена для разведения овец, так что около половины земельных угодий отдано под пастбище.

The remaining acreage is leased to a nearby farmer for planting of corn, soy beans, or other crops. Leasing of acreage is not uncommon for small family farms. Many people who may not be familiar with farm life think that farmers perform all aspects of farming. While this may have been true at the turn of the twentieth century, today's farmers are specialists. In truth, it is not cost effective for Nettie to grow crops. That is because their harvesting and management requires expensive equipment and there is not enough harvestable land to justify the expense. In fact, it is for that very reason that the other farmer wants to lease Nettie's fields. He needs to have as much harvestable land as possible in order to justify his investment in tractors and other equipment.

As I approached the farm house, I spied Nettie and her grandson Zackery. Zackery was a large frame young man who had come down from Pennsylvania to assist Nettie on the farm. He was living at the farm temporarily while he attended college. Since the passing of her husband some ten years ago, Nettie has been left with the management of the farm. Besides Zackery, Nettie's son Tom and his wife live on the farm. They both help out as well. Of course Tom has a fulltime job as a computer software specialist in the city. As a result, he is only available in the evenings and on weekends. Neither Zackery nor Tom have any desire to pursue the life of a farmer and are there basically to support Nettie. Farm work requires a lot of physical labor.

Оставшаяся земля сдается в аренду соседнему фермеру для посева кукурузы, сои или других культур. Лизинг посевных площадей не редкость для небольших семейных хозяйств. Многие люди, возможно, не знакомые с жизнью на ферме, считают, что фермеры занимаются всеми видами земледелия. Может это и было истиной на рубеже XX века, для сегодняшних фермеров характерна специализация. По правде говоря, для Нетти нерентабельно выращивать сельскохозяйственные культуры. Это потому, что их уборка и переработка требуют дорогостоящего оборудования; земли под пашню недостаточно, чтобы оправдать расходы. Собственно, именно по этой причине другой фермер планирует взять в аренду землю Нетти. Он должен иметь столько земли под пашню, сколько необходимо, чтобы оправдать свои инвестиции в тракторы и другое оборудование.

Подъезжая к фермерскому дому, я издалека увидел Нетти и ее внука Захария. Захарий – молодой человек крупного телосложения, приехавший из Пенсильвании, чтобы помочь Нетти на ферме. Он жил на ферме временно, пока учился в колледже. После кончины ее мужа каких-то десять лет назад Нетти осталась одна и ей пришлось самой заниматься фермой. Кроме Захария, на ферме живут сын Нетти Том и его жена. Они также помогают Нетти. Конечно, у Тома в городе есть работа на полный рабочий день в качестве специалиста компьютерного программного обеспечения. В результате он может помогать только по вечерам и выходным. Ни у Захария, ни у Тома нет никакого желания продолжать фермерское дело и занимаются они этим в основном только из-за Нетти. Работа на ферме требует много физических сил.

As one might imagine, the lifting of copious amounts of water, feed and bales of hay and the rigorous demands of managing over 100 head of sheep can take its toll on a 90 year old women. It is a seven day a week, sometimes twenty-four hour a day job and in spite of her physical conditioning, Nettie needs help. In truth, when Nettie passes, the family's farming days will end.

As I exited my pick-up truck, I was greeted warmly by Nettie and introduced to her grandson Zackery. We rapidly exchanged pleasantries and proceeded directly to the barn. Nettie was very excited because she was in the middle of the lambing process and wanted me to see the new babies. "This is my newest one," she told me, "you should have been here last night so you could have seen her born." The lamb was both black and white. Nettie said that this one is sure to have a black face. Nettie raises Shropshire sheep. Originally from Shropshire, England, they are a cross between the all-white Southdown, and a local English Black Horned sheep which are noted for their distinctive black features. They are similar to the Hampshire's which are also popular in America. Of course in today's world of sheep management, there are over 100 different species. Thus, other breeds may be part of the Shropshire mix. Zackery, who has picked up the tenets of sheep farming quite quickly, warned me to be careful around the sheep. "Some of them are very friendly, like this one that just lambed. But, the ram in the next pen knocked me down the other day when I had a full bucket of water in my hand. They are very strong and you need to watch yourself."

Представьте себе, как перевозка большого количества воды, кормов и тюков сена, вдобавок жесткие требования, предъявляемые к управлению более 100 головами овец, может сказываться на 90-летней женщине. Эта работа занимает семь дней в неделю, иногда двадцать четыре часа в сутки, поэтому, несмотря на физическую закалку, Нетти нуждается в помощи. Если честно, когда Нетти не станет, закончатся и дни семейного фермерства.

Как только я вышел из пикапа, Нетти тепло меня поприветствовала и представила своего внука Захария. Мы быстро обменялись любезностями и пошли прямо к овчарне. Нетти была очень взволнована, потому что одна из овец ягнилась, и Нетти хотела, чтобы я увидел вновь родившихся малышей. «Это самый последний ягненок, – сказала она мне. – Окажись вы здесь прошлой ночью, вы могли бы видеть его появление на свет». Агнец что был черно-белый. Нетти сказала, на этот раз у ягненка обязательно должна быть черная морда. Нетти выращивает шропширских овец. Порода овец из Шропшира (Англия) – это нечто среднее между чисто белыми саутдаунскими безрогими овцами и местными английскими черношерстными рогатыми овцами, черный цвет которых – их особая отличительная черта. Они похожи на хэмпширскую породу овец, особенно популярную в Америке. В современном мире овцеводства известно более 100 различных видов. Таким образом шропширские овцы могут быть смешанной породой. Захарий, который усвоил принципы овцеводства довольно быстро, предупредил, чтобы я был осторожным, находясь среди овец: «Некоторые из них очень дружелюбны, как этот, который только родился. Но как-то раз один баран из соседнего загона сбил меня с ног, когда я нес полное ведро воды. Они очень сильные, и вам нужно быть предусмотрительным».

I should also note that Zackery tips the scales at over 250 pounds. For a ram to knock him down requires a lot of force.

Raising sheep in the wintertime is more expensive than in the summer. This has to do with the fact that there is no pasture land for grazing. As a result, more hay and feed is consumed. This has to be bought from other farms and trucked in by Zackery or his uncle. Thus, winter time is a good time to cull the herd, [reduce the amount of livestock, MB], so that the expenses are reduced. Other sheep farmers who are in the same predicament as Nettie know this as well and that can result in an oversupply in the market for meat and can translate into reduced prices for the farmer.

After our visit to the barn, Nettie, Zackery and me walked back to the farm house and sat down at the large kitchen table. Historically, many farm homes have large kitchens. This was because in the past it required large families to run the farms and because a lot of business would get done around the table. In addition, the home has four bedrooms, one of which was turned into a sewing room. However, since her husband's death, Nettie isn't sewing much anymore. As a consequence, the room is filled with boxes and memorabilia related to sheep farming. There is also a combination mudroom and laundry room where the clothes are washed. Most farms have a mudroom where people can take off their boots so they do not track dirt into the house. This is similar to a Russian home where one changes into slippers at the front door.

Должен заметить, что Захарий справляется с весом в более чем 114 кг. Чтобы сбить его с ног, баран должен быть очень сильным.

Разводить овец в зимнее время стоит дороже, чем летом. Это связано с тем, что нет пастбищ для выпаса скота. В результате потребляется больше сена и кормов, которые Захарий или его дядя вынуждены покупать и привозить с других ферм. Значит, зимний период – хорошее время, чтобы отбраковать стадо [уменьшить количество скота – М.Б.], таким образом, расходы снижаются. Другие овцеводы, которые находятся в таком же затруднительном положении, как и Нетти, также хорошо об этом знают. Такое положение вещей может привести к избытку предложения на рынке мяса баранины и отразиться на снижении его стоимости.

После посещения овчарни Нетти, Захарий и я вернулись в дом и сели за большой кухонный стол. Исторически сложилось, что во многих фермерских домах кухни довольно большие. Это потому, что в прошлом было необходимо иметь большую семью, чтобы обслуживать ферму, и большинство вопросов решалось за столом. Кроме того, дом имеет четыре спальни, одна из которых была переоборудована в пошивочную. Однако, после смерти мужа Нетти уже не шьет так много. Как следствие, помещение заполнено ящиками и памятными вещами, относящимися к овцеводству. Есть еще комната, которая служит одновременно прихожей и прачечной. Прихожая есть в большинстве фермерских домов, где люди могут снять свои ботинки, чтобы не нести грязь в дом. Это похоже на русский дом, где переобуваются в тапочки у входной двери.

I then explained to Nettie that I was writing about how Americans think for some Russian readers and wanted to ask her some questions. Her response was that she generally wasn't a thinker, but was a doer. "If I think about something too much, I may not do it, so I just do it without thinking about it. That way it gets done. But, you can go ahead and ask your questions."

My first question was why are there so many rich Americans? "You won't find any rich people around here," she quipped. "If you wanted to get rich and chose farming as the way to do it you made some bad choices. From the outside, it looks like we are rich because of all this

 land. But in truth, adding up all the hours and work we put into this place, we make a living. I am thankful to G-d that we have food to eat and have a roof over our heads. We are blessed with a good life and we survive. But rich, not here."

My second question was about television and what Americans like to watch. "Television," Nettie responded, "don't have much time for it. I will occasionally watch the news. Sometimes I will put on a movie, but I usually fall asleep before it is over. I work hard and I need my rest. I get up at 5:30 every morning so I am probably not the person you want to ask about television viewing. Go talk to my son, when its football season, he never leaves the television."

My third question was what do Americans think about Russians? Nettie stated, "I really don't know any Russians. My guess is that they are folks just like us. I am sure they have farms and cities just like we do. But, *I wouldn't know a Russian if I fell over one* [encountered them, MB]. But if they're good folks, then I would invite them over to the ranch. They can see how we run our sheep farm."

Затем я объяснил Нетти, что пишу для российских читателей о том, как мыслят американцы, и хочу задать ей несколько вопросов. Она сказала, что вообще-то она не «мыслитель», а человек дела: «Если я думаю о чем-то слишком много, я могу не сделать этого, так что, я просто делаю, не думая. Тогда все получается. Но вы можете дальше задавать свои вопросы».

Мой первый вопрос был почему в США так много богатых людей? «Вы не найдете богатых людей вокруг, – заметила она саркастически. – Если бы вы хотели разбогатеть и выбрали бы фермерство как способ этого достичь, вы бы сделали плохой выбор. Со стороны это выглядит, будто мы богаты благодаря этой земле. Но по правде говоря, суммируя все время и силы, которые мы вкладываем в это, на жизнь хватает. Я благодарна Богу, что у нас есть еда и крыша над головой. Господь благословил нас хорошей жизнью, и мы выживаем. Но богатых здесь нет».

Мой второй вопрос был о телевидении и о том, что американцы любят смотреть. «Телевидение, – ответила Нетти, – у меня не так много времени на это. Я изредка смотрю новости, иногда кино, но обычно я засыпаю прежде, чем оно закончится. Я много работаю и мне нужно отдыхать. Я встаю в 5:30 каждое утро, поэтому я, наверное, не тот человек, которого нужно спрашивать о телепередачах. Идите и поговорите с моим сыном, во время футбольного сезона он не отходит от телевизора».

Мой третий вопрос был о том, что думают американцы о русских? Нетти сказала: «На самом деле я не знаю русских. Я предполагаю, что они такие же люди, как и мы. Я уверена, что у них тоже есть фермы и города, как и у нас. Но, я не узнала бы русского, если бы столкнулась с ним. Однако если они хорошие люди, то я хотела бы пригласить их на ранчо. Они бы увидели, как мы работаем на нашей овцеводческой ферме».

I asked her what her typical week was like. She commented that every day was pretty much the same. "We have our chores here on the farm," she commented; "except for Sunday, I go to church every Sunday after my chores." The other farmers in their rural church are considered part of her extended family. They all work hard and Nettie believes that it is their hard work that makes them successful farmers and binds them to each other both emotionally and spiritually. "When people need some help, we just watch out for each other. We occasionally have a church supper and I see these people in town when we go in for supplies or need to take care of some business. It's just what we do and has always been the way of farming life. You know, love thy neighbor as you would yourself."

I then asked what she would like to see happen to her life that would make things better. She replied that she already had a happy life. "I guess I would like to take first place in one of the national sheep competitions", she remarked. Nettie has been going to a number of fitting and showing contests, but she has never won first place. Fitting and showing contests have to do with how the animal is groomed and the showmanship in presenting the animal to the judges. Last year one of her ewes came in third in a competition in the state of Tennessee. "Yes," she mused, "It would be real nice if one of my babies came in first. I think we would show those commercial farms a thing or two." Other than this wish, Nettie just wants her family to be happy and that the farm would continue after her death.

Я спросил, как обычно проходит ее неделя. Она отметила, что почти все дни одинаковы: «Мы много работаем здесь, на ферме, – прокомментировала она, – кроме воскресенья. Каждое воскресенье после домашних хлопот я хожу в церковь». Всех фермеров своей сельской церкви она считает частью ее большой семьи. Они все упорно трудятся, и Нетти считает, что именно тяжелый труд делает фермеров успешными, связывает их друг с другом как эмоционально, так и духовно: «Когда людям нужна помощь, мы просто заботимся друг о друге. Иногда в церкви мы вместе ужинаем; я вижусь с этими людьми в городе, когда мы ездим туда за припасами или по каким-то делам. Мы просто так живем, такой фермерская жизнь была всегда. Вы же знаете – возлюби ближнего своего, как самого себя».

Я тогда спросил, каких перемен она ждет, чтобы ее жизнь стала лучше. Она ответила, что она и без того счастлива. «Думаю, мне хотелось бы занять первое место в одном из национальных овцеводческих конкурсов», – подметила она. Нетти участвовала в нескольких конкурсах, но никогда не занимала первых мест. Суть конкурса заключается в том, насколько хорошо ухожены животные и насколько зрелищно они представлены судьям. В прошлом году одна из ее овец заняла третье место в конкурсе в штате Теннесси. “Да, – задумалась она, – было бы просто замечательно, если бы один из моих питомцев стал первым. Я думаю, мы бы утерли нос некоторым коммерческим фермам». Кроме этого пожелания, Нетти просто хочет, чтобы ее семья была счастлива, и чтобы это фермерское дело продолжалось после ее смерти.

I guess I could have pressed Nettie for more answers and plied her with additional questions. But in truth, her answers were direct and to the point. I think this clearly reflected her personality.

Thus, we spent the remainder of the time, consuming fresh baked goods and delightful tasting coffee. Most stimulating was to watch the spryness and wit of this ninety-year-old woman as she commented on politics and the plight of young people in society today.

We exchanged pleasantries and I bid farewell to Nettie and Zackery. I felt energized and was honored to have visited. As my pickup truck headed south back to the city, I could not help but feel how such a simple visit could reveal so much. Whether American or not, Nettie's openness, hard work ethic and strength of character is what we all should emulate. I am glad this story gave us an opportunity to know her a little better.

Sociological Commentary

Like many farmers, Nettie's hard work defines her. Anyone going into the farming business must understand that it is a seven day per week business. Large families help, because the burden of the work does not fall on any one person. Of course large families mean more "mouths to feed."

Думаю, я мог бы надавить на Нетти, чтобы получить больше ответов и засыпать ее дополнительными вопросами. Но по правде говоря, ее ответы были откровенными и по существу. Я считаю, что это явное проявление ее личности.

Таким образом мы провели оставшееся время, поглощая свежую выпечку и пробуя восхитительный кофе. Ее острый и гибкий ум вдохновлял, эта девяностолетняя женщина живо рассуждала о политике и положении молодежи в современном обществе.

Мы обменялись любезностями, и я простился с Нетти и Захарием. Я чувствовал себя наполненным энергией и был благодарен за оказанную честь. Когда мой пикап направлялся на юг обратно в город, я не мог отделаться от чувства, что простое посещение может открыть так много. Будь то американцы или нет, открытость Нетти, ее трудолюбие, этика и сила характера – это то, чему мы все должны подражать. Я рад, что эта история дала нам возможность узнать ее лучше.

Социологический комментарий

Как и многих фермеров, тяжелый физический труд сформировал Нетти. Тот, кто собирается заняться фермерством, должен понимать, что этот бизнес занимает семь дней в неделю. Спасают многодетные семьи, потому что бремя работы падает не только на одного человека. Конечно, многодетные семьи — это больше «голодных ртов».

Many in agriculture feel that they are at the center of American culture and they are major contributors to America's greatness. Many claim that without farming, the American lifestyle would not be possible. Some go as far to say, "We feed the world. Without us, you all would starve to death".

Farmers, such as Nettie, are considered lower middle class. Basically, the class system in America can be divided into five classes. They are lower class, working class, lower middle class, upper middle class, and upper class. In many cases, family farms are considered small businesses. Moreover, the fact that Nettie owns land and generates income beyond a pay check shows a higher degree of success and status in America. Of course not all farmers fall into this class. Some, known as "gentleman farmers," may own a farm but not actually work it. They would lease out the land to working farmers and perform their actual non-agricultural work from home via telecommuting or they will daily commute to a nearby city to work their main occupation. Many in this group are upper middle class. They bought the farm to provide a more rural home setting in keeping with their lifestyle. Of course, farmers can be among the lower classes as well. For example, in some very poor regions of the country, we could note farms where people produce enough to subsist with no surplus to take to market. They live on the land strictly, because it is owned by them or their family for generations and they don't pay any rent. Many, in this group, are considered lower class even though they own land.

В сельском хозяйстве многие считают, что они центр американской культуры и вносят существенный вклад в величие Америки. Многие утверждают, что без фермерства невозможно представить американский образ жизни. Некоторые заходят слишком далеко, говоря: «Мы кормим мир. Без нас вы бы все умерли с голоду».

Фермеры, например, Нетти, относятся к низшей ступени среднего класса. По сути, классовую систему в Америке можно разделить на пять классов: низший класс, рабочий класс, низший слой среднего класса, высший слой среднего класса и собственно высший класс. Во многих случаях семейные фермы относят к малому бизнесу (предприятиям). Более того, тот факт, что Нетти владеет землей и получает доход помимо оплаты по счетам, показывает более высокую степень успеха и статуса в Америке. Безусловно, не все фермеры попадают в этот класс. Некоторые, известные как «сельские джентльмены», могут иметь собственную ферму, но на самом деле на ней не работают. Они сдают в аренду землю работающим фермерам и исполняют свою фактически нефермерскую работу из дома дистанционно или вместо этого они ежедневно ездят в соседний город на свою основную работу. Многие в этой группе – представители высшего слоя среднего класса. Они купили ферму, чтобы просто иметь дом в деревне соответственно их образу жизни. Однако фермеры могут быть и среди низших классов. Например, в некоторых очень бедных регионах страны мы могли бы найти хозяйства, где люди производят достаточно продукции, чтобы прокормиться без продажи излишков на рынке. Они живут на земле в суровых условиях так, как и надлежит им или их семье из поколения в поколение, и не платят никакой арендной платы. Многие в этой группе считаются низшим классом, даже если они владеют землей.

In sociology, we often discuss the five socializing factors. They are family, religion, education, peers and media. In Nettie's situation, family and peers [friends, MB] play a huge role in her daily interactions. She is also very active with the church and has very strong ties to her spiritual upbringing. Education is also important, however Nettie would be first to admit that common sense and experience are a better education than "book sense" [one who can recite the knowledge in a book, but not apply it to the real world, M.B.]. "You can't really understand something unless you do it" [experience the process, M.B.].

Farmers generally vote for conservative politicians who promise to keep things on a steady course. They also worry about "Who will run the farm after I am gone?" Other good topics of discussion are the weather and finding good farm labor in today's world. Moreover, if you want a conversation that will last many hours, ask them about ethics, morals, and the eroding of family values. Most farmers such as Nettie are very straightforward and will tell you what they are thinking.

В социологии мы часто обсуждаем пять социализирующих факторов. Это семья, религия, образование, сверстники и СМИ. В ситуации с Нетти семья и сверстники [друзья – М.Б.] играют огромную роль в ее повседневном общении. Она ведет активную деятельность в церкви и имеет очень прочные связи с духовными традициями своей общины. Образование тоже важно, но Нетти скорее признала бы, что здравый смысл и опыт учат лучше, чем «книжное слово» [когда кто-либо может черпать знания в книге, но не может применить их в реальной жизни – М.Б]: «Вы на самом деле не можете понять чего-либо, пока не сделаете этого» [попробовать на деле – М.Б].

Фермеры, как правило, голосуют за консервативных политиков, которые обещают держать устойчивый курс в делах. Кроме того, их (фермеров) беспокоит, «кто будет работать на ферме после моего ухода». Другие интересные темы для обсуждения — это погода и поиск настоящего фермерского труда в современном мире. Более того, если вы хотите разговора в течение многих часов, спросите их (фермеров) об этике, морали и о разрушении семейных ценностей. Большинство фермеров, таких как Нетти, очень открыты и скажут вам то, что думают.

Chapter 2. At the Shelter with Tomas

Setting the Scene

In our search to identify and interview the average American, we should not ignore a segment of the population known as the underclass. They currently comprise about three percent of the population. Usually grouped with the lower class, they probably should have a separate class since they have problems associated with a unique situation. These are people who "live on the edge" (each day is a battle for basic survival) of society due to extreme financial conditions. Many are dependent on social welfare such as food stamps (given monthly to supplement diets); public assistance with housing, medical, and other daily needs. Others may be homeless, either travelling from place-to-place searching for shelter or living in abandoned buildings, particularly in the wintertime. Some may be victims of drug or alcohol abuse, others may have medical issues both physical and/or mental. The combination of scenarios is vast, but the result is that they find themselves among the underclass. In her article entitled, "How it feels to be a kid on welfare," Brenda Della Casa States:

Глава 2. У Томаса в приюте для бездомных

Определение ситуации

В поисках идентификации и интервьюирования среднестатистического американца мы не должны игнорировать сегмент населения, известный как беднота. В настоящее время эти люди составляют около трех процентов населения. Обычно их относят к низшему классу, но они, скорее всего, должны быть отдельным классом, поскольку имеют проблемы, связанные с исключительной ситуацией. Это люди, которые «живут на краю» (каждый день - это борьба за элементарное выживание) общества в силу экстремальных финансовых условий. Многие зависят от социального обеспечения, такого как: продовольственные талоны (выдаваемые ежемесячно в качестве добавки к рациону), государственная помощь с жильем, медицинская помощь и другие ежедневные потребности. Другие могут быть бездомными или переезжать с места на место в поисках крова либо жить в заброшенных домах, особенно в зимнее время. Некоторые могут быть жертвами злоупотребления наркотиками или алкоголем, могут иметь другие проблемы, связанные с физическим и/или умственным здоровьем. Комбинация сценариев огромна, но в итоге они оказываются среди низших слоев общества. В своей статье под названием «Как себя чувствует ребенок, живущий на пособии» Брэнда Делла Каза констатирует:

My less-than-humble beginnings

I grew up in various cockroach-infested apartments with a violent, drug-addicted ex-felon [was in jail for a period of time, MB] *father and a mother who did me both a favor and a great disservice by leaving.*

The only person I had to watch over me to make sure that I had food, water, and ice for my wounds was my beloved, hardworking, retired grandfather who supported me with a $500 monthly budget that was paid to him via pension and social security. That included rent money.

When we lost our home thanks to my father "skipping bail," (not showing up for court) we moved into our fishing trailer [a small home on wheels used for sport fishing, MB] *and ate pork and beans nearly every weeknight for dinner. On weekends, we lived lakeside and ate the fish we caught. Finally, after we had to spend one third of our income on my eyeglasses, we went to sign up for food stamps and stood in line for our boxed block of "government cheese." For a former foreman and a little girl who was already made fun of for a number of reasons and who was particularly sensitive to her grandfather's feelings, it was humiliating.*

I hated seeing my proud and dignified hero standing in line for handouts. This was a man who prided himself on being self-sufficient and instilled a sense of duty and independence in me from day one. We were not drug addicts living the high life; we were just poor.

Мои первые, более чем скромные шаги.

Я росла в различных кишащих тараканами квартирах с жестоким, наркозависимым экс-уголовником [был в тюрьме в течение периода времени – М.Б.] отцом и матерью, которые сделали мне одолжение и оказали медвежью услугу, бросив меня.

Единственным человеком, который присматривал за мной и заботился, чтобы у меня была еда, вода, и лед для (обезболивания) моих ран, был мой любимый, трудолюбивый дедушка-пенсионер; он содержал меня на $500 ежемесячного бюджета, которые выплачивались ему по пенсионному и социальному обеспечению, включая квартплату.

Когда мы потеряли дом благодаря моему отцу, не уплатившему залог вовремя (неявка в суд), мы переехали в рыболовный трейлер [маленький дом на колесах, используемый для спортивной рыбалки – М.Б.]. Почти каждый будний вечер на ужин мы ели свинину и бобы. По выходным мы жили на берегу озера и ели рыбу, которую поймали. Наконец после того, как нам пришлось потратить треть своих доходов на мои очки, мы записались на получение продовольственных талонов и встали в очередь за правительственным пособием, называемым «Сыр от правительства». Для бывшего старшины присяжных и маленькой девочки, над которой по многим причинам уже подсмеивались, и которая питала особые чувства к своему деду, это было унизительно.

Мне было невыносимо видеть, как мой исполненный достоинства герой стоял в очереди за подачками. Это был человек, который гордился тем, что был самодостаточным и прививал мне чувство долга и независимости с первого дня. Мы не были наркоманами, живущими жизнью богемы, мы были просто бедными.

What Brenda Della Casa is saying is that there are people who have had difficult circumstances in their lives. Some outsiders may brand this group as "being lazy or taking advantage of the system." Although this may be true of some, most people in this underclass are victims and work very hard to change their situations. In truth, it only takes a few scenarios of bad luck and anyone could find themselves in similar circumstance.

Thus, I felt compelled to give this group a voice in our search for the average American. It is for this reason that I travelled to the Community Action Agency, a local soup kitchen and homeless shelter. My purpose was to interview Tomas. It should be noted that his situation more closely resembles the lower class plight, as opposed to underclass; however, we can learn much from the interview. It should also be noted that privacy is very important to the agency. I was given permission to do the interview based on my association with the agency over the years and Tomas's willingness to talk to me. As a professor of sociology, I have had a working relationship with the Community Action Agency for many years and my students would often volunteer to help at the soup kitchen or shelter

Tomas also lives with his daughter Claudia who is six years old. The mother ran off with another man about a year after Claudia was born. As a result, Tomas needs to raise his child in addition to bringing home a livable income. There is little support from family and so Tomas and Claudia are pretty much on their own.

Брэнда Делла Каза говорит, что есть люди, оказавшиеся в трудной жизненной ситуации. Некоторые сторонние наблюдатели могут назвать эту группу «лентяями или потребителями системы». Хотя для некоторых это может быть верно, большинство людей из этого низшего класса – это жертвы (обстоятельств), которые много работают, чтобы изменить свое положение. По правде говоря, достаточно, чтобы не повезло несколько раз, и любой может оказаться в аналогичных обстоятельствах.

Таким образом, я вынужден был дать этой группе право голоса в наших поисках среднестатистического американца. Именно по этой причине я посетил Агентство по оказанию помощи, местную столовую и приют для бездомных. Моей целью было взять интервью у Томаса. Следует заметить, что его ситуация более всего напоминает положение (представителя) низшего класса, в отличие от бедноты. Однако мы можем многое узнать из интервью. Необходимо также отметить, что конфиденциальность очень важна для Агентства. Мне дали разрешение на интервью на основе моего общения с Агентством на протяжении многих лет и готовностью Томаса со мной поговорить. Как профессор социологии я имел многолетние деловые отношения с Агентством по оказанию помощи, а мои студенты часто добровольно помогали в столовой или в приюте.

Томас живет со своей дочерью Клавдией, которой шесть лет. Ее мать сбежала с другим мужчиной, через год после рождения Клавдии. В результате Томас должен воспитывать ребенка и, кроме того, зарабатывать на жизнь. От семьи очень маленькая поддержка, и поэтому Томас и Клавдия в значительной степени рассчитывают на самих себя.

Although, he does have some good friends who assist them with child care and give them an opportunity to socialize with others. Tomas is also a hard worker and his skills lie in the construction trades. When the weather is good, he can make a livable wage. I should also note that Tomas is a friendly and outgoing person. He does have an occasional drink, but is not addicted to alcohol or drugs of any kind. In fact if you ask him about it, he will say, "I'm too busy for all that nonsense."

Tomas's Story

Tomas is about 5'6" (1.7 meters) tall and he is of lean to medium build. He is about twenty-six years old but based on the weathering to his body, you might guess him to be well into his thirties. The work of the construction trades and outside working conditions can take their toll on one's body. His face is an interesting history of hard times, the high cheek bones below slightly sunken eyes gives you a feeling of the depth of his soul as you spy him. Moreover, he sports a goatee (chin beard) and full mustache, with just a slight tint of gray. His look is placid with an occasional tip of the head to make a laugh or comment on a matter. He speaks gently and when he does speak, it takes you by surprise because there is a quiet intelligence in his voice. His body is solid, but not terribly muscular and his skin color is tan, reflecting a Philippino or island heritage. However, the most notable feature are his hands. Worn and callused, they are tough as leather.

Вместе с тем у Томаса действительно есть несколько хороших друзей, которые помогают в уходе за ребенком и дают им (Томасу и его дочери) возможность общаться (социализироваться) с другими людьми. Томас – работяга, имеющий опыт в строительных профессиях. Когда погода хорошая, он может заработать на жизнь. Я должен также отметить, что Томас дружелюбный и общительный человек. Время от времени он может выпить, но он не имеет пристрастия ни к алкоголю, ни к наркотикам. На самом деле, если вы спросите его об этом, он скажет: «Я слишком занят для всей этой ерунды».

История Томаса

Ростом Томас около 170 см и относится к людям среднего телосложения. Ему около двадцати шести лет, но, судя по его конституции, можно представить, что он будет в прекрасной форме и в свои тридцать. Занятость на стройке и необходимость работать на улице воздействуют отрицательно на внешности человека. По его лицу можно прочитать интересную историю о трудных временах: когда его рассматриваешь, высокие скулы, слегка запавшие глаза дают ощущение глубокой души. Кроме того, он носит козлиную бородку и пышные усы, легкого серого оттенка. Его взгляд спокоен, иногда он наклоняет голову во время смеха или когда что-то комментирует. Говорит он мягко, а когда слышишь его голос, удивляет присутствие интеллекта. Его тело крепко сбито, но не слишком мускулисто, а его кожа - цвета загара, что говорит о его Филиппинском происхождении. Однако самая примечательная особенность - его руки. Шероховатые и мозолистые, они грубые, как выделанная кожа.

His clothes consisted of a tan shirt and a pair of blue jeans. Worn but durable, I could see where he had stitched them up with a hand unaccustomed to sewing. I would also comment that his clothes were clean and I could tell he took pride in his appearance. Even his tan construction boots were free of mud.

Normally, Tomas would not need the services of the Community Action Agency. In fact, he probably would have been classified as working class the previous year. However, a series of events in his life changed all that. About six months earlier, Tomas was in a "hit and run" accident. Which means the other driver fled the scene leaving Tomas injured and his car "totaled" (beyond repair). The insurance covered some of the medical bills and some of the car damage. Unfortunately for Tomas, he was not able to get a new car because the balance of the insurance money went to pay off some part of the debt for the first car. Thus, he was left with some debt, injured and no car to drive to work. Since the drive to work was one hour away, he could not get to work and consequently lost his job. He was able to find work locally, however he is paid a fraction of what he made at the construction site and he and Claudia struggle each week to survive. They eat at the soup kitchen when food supplies at the house run low. When Tomas gets his next paycheck, they will restock the refrigerator and pay the rent.

Он был одет в рубашку желто-коричневого цвета и джинсы. Потрепанные, но прочные, я видел, где он их зашивал неумелой рукой. Я бы также сказал, что его одежда была чистой, и добавил бы, что он гордился своей внешностью. Даже на его задубевших строительных ботинках не было грязи.

Обычно Томас не нуждался в услугах Агентства по оказанию помощи. На самом деле, по прошлому году его можно было бы классифицировать как представителя рабочего класса. Однако ряд событий в его жизни все изменили. Около шести месяцев назад Томас попал в т.н. «ударил – сбежал» аварию. Это означает, что другой водитель врезался в его машину и скрылся с места происшествия, бросив травмированного Томаса и вдребезги разбитую машину (ремонту не подлежит). Страховка покрывала некоторые медицинские расходы и кое-какие повреждения автомобиля. К несчастью для Томаса, у него не было возможности купить новую машину, потому что деньги на страховом счете ушли на погашение части долга за первый автомобиль. Таким образом у него были еще долги, он был травмирован и остался без машины, чтобы ездить на работу. Поскольку на работу надо было добираться в течение часа (его работа была в часе езды от дома), он не мог приступить к работе и, следовательно, потерял ее. Он может найти работу поблизости, однако он получит лишь малую толику того, что мог бы заработать на строительной площадке. У них с Клавдией каждая неделя проходит в борьбе за выживание. Когда съестные припасы в доме иссякают, они питаются супом в бесплатной столовой. Когда Томас получит следующую зарплату, они заполнят холодильник и заплатят за квартиру.

They live a "day-to-day existence." Still, they have hope for the future, and Tomas vows that things will get better. Tomas believes the key to success lies in a willingness to work hard and also you have to be very lucky. "Life gives you no guarantees, being in the right place at the right time and having luck can take you far."

When I started the interview, I introduced myself and made some initial conversation as to who I was and how much I appreciate his taking time to talk to me. We also discussed some mutual things we had in common. Finally I asked the first question as to "Why are there so many rich people in America?" Tomas looked at me strangely and asked me to repeat the question. Finally, he stated, "I am sure there are lots of rich people in America, but they don't come down here." Tomas feels that they are in a different part of the city and they really would not have a need to interact with him. Although, at one time, he helped a friend move some furniture for a rich person. "They had some really nice things and they gave us a good tip for the work that we did. They seemed like nice enough people and were very thankful. However, once we were finished, I really never saw them again. After all, what do I have in common with them?"

I then asked what they liked to watch on television. Tomas was very proud of his television. He purchased it before he lost his construction job. It was a good one and they have "cable". He pointed out that the way they are able to afford the cable bill is to cut back on the use of other utilities. He also got rid of his house telephone and uses his mobile for both. "Television, that's the one luxury we try to hold on to." Basically, he lets Claudia decide what she wants to watch.

Они живут одним днем. Но все-таки у них есть надежда на будущее, и Томас заверяет, что все наладится. Томас считает, что ключ к успеху лежит в готовности много работать и нужна удача. – «Жизнь не дает вам никаких гарантий – если быть в нужном месте в нужное время и иметь немного удачи, то вы далеко пойдете».

В самом начале интервью я представился, сказал кто я и как высоко ценю, что он нашел время поговорить со мной. Мы также поговорили на общие темы, и я задал первый вопрос: «Почему в Америке так много богатых людей?» Томас странно посмотрел на меня и попросил повторить вопрос. Наконец он заявил: «Я уверен, что есть много богатых людей в Америке, но они сюда не заезжают». Томас считает, что они живут в другой части города и им до него нет никакого дела. Как-то он помог другу перевезти мебель для богатого человека. – «У них были действительно кое-какие вещи, требующие бережного отношения, и они дали нам хорошие чаевые за работу, которую мы сделали. Они казались достаточно хорошими людьми и были очень благодарны. Однако, как только мы закончили, я их больше никогда не видел. В конце концов, что у меня общего с ними?»

Я тогда спросил, что они любят смотреть по телевизору. Томас очень гордился своим телевизором. Он купил его до того, как потерял работу на стройке. Телевизор был хорошим, с подключением к кабельному телевидению. Он обратил внимание, что они могут позволить себе платить за кабель меньше за счет экономии на других коммунальных платежах. Он также избавился от домашнего телефона и пользуется только мобильником. – «Телевидение – это единственная роскошь, за которую мы стараемся держаться». В принципе, он позволяет Клавдии решать, что смотреть.

He does enjoy sports, but he would rather be working. Occasionally he can get extra work in an evening and that takes precedence over watching sports.

I then asked him what he thinks about Russians. He replied, "I really don't know any Russians except a guy I used to work with named Yarko. He was a little hard to understand because of his accent, but he was a nice enough guy. He kept talking about coming from a place called Odessie. He said that it was a great resort town. But, I couldn't tell you where it was. But if all Russians are like Yarko, I say that they are all right."

I asked Tomas what he would like to see happen with his life to make things better. His main concern was to get a good car. "I don't need anything fancy, just something to get me to work. I am a good worker and I can make enough money to provide for my family. I just need to get there." Tomas is proud of his work ethic and knows that given a chance, he can be successful in any situation. He has a simple philosophy and believes in being happy with your family and the nobility of work.   In fact, my final question dealt with the notion that if he had one wish, what would it be? He stated simply, that he wanted to have for his family.

I thanked Tomas for his input and bid him farewell. My impression was that he was an honorable, hardworking man and that it was my pleasure to have met him. I also wondered what it would be like if politicians or those in a position to make decisions about our citizens in need had a chance to talk to people like Tomas who are "down on their luck."

Он не увлекается спортом, предпочитая работать. Иногда он может получить дополнительную работу в вечернее время, что для него приоритетнее, чем просмотр спортивных передач.

Затем я спросил, что он думает о русских. Он ответил: «На самом деле, я не знаю никаких русских, кроме парня по имени Ярко, с которым, бывало, работал. Мне было трудно его понимать из-за акцента, но вообще он был хорошим парнем. Он все время рассказывал, что приехал из Одессы. Говорил, что это замечательный курортный город. Но я не знаю, где он находится. Если все русские такие, как Ярко, то я думаю, все с ними в порядке».

Я спросил Томаса, каких событий он ожидает, чтобы его жизнь изменилась к лучшему. Его главная забота - купить хороший автомобиль. – «Мне не нужно ничего сверхъестественного – только чтобы я смог добираться до работы. Я хороший рабочий и могу зарабатывать достаточно денег, чтобы обеспечивать свою семью. Мне просто нужен транспорт». Томас гордится своей трудовой этикой и знает, будь у него шанс, он смог бы быть успешным в любой ситуации. Его философия проста: он верит в семейное счастье и достоинство, которое дает работа. Если бы он мог загадать одно единственное желание, то какое – это был мой последний вопрос. Он просто сказал, что хотел бы благополучия своей семье.

Я поблагодарил Томаса за участие и простился с ним. Мое впечатление было таково, что это был честный, трудолюбивый человек, и я получил удовольствие от встречи с ним. Еще мне было интересно, что было бы, если бы политикам или тем, кто принимает решения в отношении малоимущих граждан, при необходимости довелось бы поговорить с людьми, подобными Томасу, с теми, кому «удача не улыбнулась».

Perhaps it would be an "eye opening experience" (a sudden revelation of knowledge) for them and they would not be so negative in supplying services to this group of the American population.

Sociological Commentary

Tomas is currently part of a group of people who are characterized as lower class. This constitutes about 20 percent of the population. Within the lower class category is a sub-group called the underclass. This underclass makes up about 3 percent of the population. Part of this group is a category of people called homeless. According to the American government, homelessness is defined as "a person who has no permanent residence." However, from a sociological stand point, three groups seem to emerge. They are people without a place; people in constant poverty forced to move regularly and are homeless for short periods of time, and people, such as Brenda Della, who have lost their housing due to a sudden circumstance. It is estimated that there are currently 3.5 million people who are classified as homeless. About 30 percent have been on the street for more than two years and fit the first category of "people without a place." It also should be noted that about 25 percent of the homeless are employed. Unfortunately, they do not make enough money to afford a permanent residence.

Возможно, у них «вдруг открылись бы глаза», и они были бы более благожелательны, предоставляя услуги этой части населения Америки.

Социологический комментарий

В настоящее время Томас представляет группу людей, которые характеризуются как низший класс. Они составляют примерно 20 процентов населения. В пределах категории низшего класса есть подгруппа, называемая беднотой[1]. Беднота составляет около 3% населения. Часть этой группы составляет категория людей, называемых бездомными. По определению американского правительства бездомный - это «человек, не имеющий постоянного места жительства». Однако с социологической точки зрения, возникает три группы. Это люди без (определенного) места жительства, люди, находящиеся в состоянии постоянной бедности, вынужденные регулярно переезжать (с места на место), являясь (будучи) бездомными в течение коротких периодов времени, и люди, такие, как Бренда Делла, лишившиеся жилья из-за непредвиденных обстоятельств. Считается, что в настоящее время 3,5 миллиона человек классифицируются как БОМЖи. Примерно 30 процентов прожили на улице более двух лет и соответствуют первой категории «людей без места жительства». Следует также отметить, что около 25% бездомных имеют работу. К сожалению, они не зарабатывают достаточно денег, чтобы позволить себе постоянное место жительства.

From an age standpoint, 39 percent are under 18 years of age, 51 percent from 31-50 years old and the ages of 55-65 make-up about 8 percent.

---

[1] Наиболее экономически отсталая и дискриминируемая часть населения – прим. переводчика

In terms of demographics, about 50 percent of the homeless are African American, 35 percent are Caucasian, 12 percent are Hispanic, 2 percent Native American and 1 percent are Asian. There are a number of reasons why people find themselves homeless in America. First, there are changes in the housing market. More units are being built that favor incomes of middle class people. There is a deficiency in the number of low cost housing units available. Many people in the underclass do not have credit or have a low annual income so that they cannot secure a loan or be considered a good risk to pay their rent. Moreover, landlords are hesitant to rent to them because of historic problems with the care of the residences occupied by low income people. In some extreme cases, landlords have reported theft of appliances and fixtures including plumbing. Rental units have received major damage and the former occupants have fled without notice.

A second problem has to do with employment opportunities. Many homeless do not have a high school diploma. This makes employment in the job market difficult. Moreover, those that do get employment often work for minimum wage. Thus, even though they work a forty-hour week, the low wages still keep them below the poverty line.

С точки зрения демографии, около 50 процентов бездомных – это афроамериканцы, 35 процентов – представители белой расы, 12 процентов - латиноамериканцы, 2 процента – коренные американцы (индейцы) и 1 процент – американцы азиатского происхождения. С точки зрения возраста, 39 процентов – люди в возрасте до 18 лет, 51 процент – от 31 до 50 лет и люди в возрасте 55-65 составляют около 8 процентов. Есть ряд причин, по которым люди в Америке оказываются бездомными. Во-первых, происходят изменения на рынке жилья. Больше жилья строится в пользу доходов людей среднего класса. Существует дефицит жилья доступной стоимости. Многие люди из низших слоев общества не могут получить ни кредитов, ни ипотеки из-за низкого совокупного годового дохода. Кроме того, арендодатели неохотно сдают им жилье, потому что по опыту люди с низкими доходами очень плохо ухаживают за жилыми помещениями, которые занимают. В некоторых крайних случаях арендодатели сообщали о краже бытовой техники и (домашнего) инвентаря, в том числе сантехники. Арендные помещения получали серьезные повреждения, а бывшие жильцы бежали без предупреждения.

Вторая проблема связана с отсутствием возможности трудоустройства. Многие бездомные не имеют аттестата о среднем образовании. Это осложняет решение проблемы их занятости на рынке труда. Более того, те, кто все же получают работу, часто работают за минимальную заработную плату. Таким образом, даже если их рабочая неделя составляет 40 часов, низкая заработная плата по-прежнему оставляет этих людей за чертой бедности.

The result is they need to supplement their income with some type of social benefit such as a homeless shelter, soup kitchen, or one of many programs designed to assist people in difficult circumstances. The economics of the country will also take a toll on this population. When jobs become scarce, they are the first not to work.

Problems also exist in the form of recent changes in the state run mental institutions. Decreased government funding has caused a number of patients housed in these facilities to be released into the population. It is estimated that about 22 percent of the homeless suffer from some form of mental illness. Also, homeless people conceive children earlier and have more children than the general population. They are often economically and logistically unable to raise their children within acceptable norms. Thus, their problems are compounded.

In the case of Tomas, he is employed and has a permanent residence. Technically he is not homeless, nor is he in the underclass. However, since rent and utilities require a large share of his earned income, he needs to eat at the shelter in order to supplement his income. In addition to having meals at the shelter, he is also eligible to receive canned goods and other food products for his home. When Tomas was working before the accident, he would be considered a working class person. Should his circumstance change and he would find work which pays a higher wage, he could easily reestablish himself as a working class person.

В результате возникает необходимость пополнять свои доходы тем или иным видом социального пособия типа приюта для бездомных, благотворительной столовой или одной из многих программ, направленных на помощь людям, оказавшихся в сложных жизненных обстоятельствах. Когда свободных рабочих мест становится мало, они в первую очередь остаются без работы.

Также существуют проблемы в виде последних изменений в государственных психиатрических лечебницах. Снижение государственного финансирования стало причиной того, что некоторое количество больных из этих клиник были просто выпущены домой. Подсчитано, что около 22 процентов бездомных страдают какой-либо формой психического заболевания. Кроме того, бездомные люди зачинают детей раньше и имеют их больше, чем среди общего населения. Они часто экономически и логистически не в состоянии вырастить своих детей в соответствии с допустимыми нормами. Таким образом, их проблемы лишь усугубляются.

В случае с Томасом, он трудоустроен и имеет постоянное место жительства. Формально он не является БОМЖом. Однако, поскольку арендная плата и коммунальные услуги требуют большей доли его дохода, он вынужден питаться в приюте, чтобы сэкономить. В дополнение к наличию еды в приюте, он имеет также право на получение консервов и других продуктов питания. Еще до аварии, когда Томас работал, он считался представителем рабочего класса. Случись так, что его обстоятельства изменятся и он найдет хорошо оплачиваемую работу, он мог бы легко восстановить себя в рядах рабочего класса.

It should also be noted that if he were to lose his current low paying job, he could easily find himself homeless. This demonstrates that mobility either upward or downward is possible within the American class system.

The reality of lower class people is that their plight is generally ignored by politics and government. Using Maslow's hierarchy of needs, we can clearly see this situation. Dr. Abraham Maslow's hierarchy includes five motivational needs often depicted as a pyramid. This five stage model is divided into (1) basic needs, such as food and shelter; (2) safety needs; (3) social/love needs; (4) esteem; and (5) self-actualization. Thus, it would seem, lower class people are trapped in the first two levels which deal with basic needs and safety concerns. They rarely vote, have little income, and lack real power to effect change. When many politicians wish to demonstrate that they are effective, the cutting of social programs for the poor is what they center on because they believe it shows that they are fiscally responsible. Since the lower class has little power, they do not have the "clout" (political power) to object. In truth, many times they are so involved in basic survival, they will not notice the program cut until it affects them directly.

Следует также отметить, если ему суждено потерять его настоящую низко оплачиваемую работу, он легко может стать бездомным. Это свидетельствует о том, что в рамках американской классовой системы возможно движение как вверх, так и вниз. Экономика страны также сказывается на благосостоянии этого населения.

Реальное положение людей низшего класса таково, что их судьба, как правило, не интересует политиков и правительство. С помощью иерархии потребностей, разработанной Маслоу, мы можем ясно видеть эту ситуацию. Иерархия доктора Абрахама Маслоу включает в себя пять мотивационных потребностей, часто изображаемых в виде пирамиды. Эта модель разделена на пять стадий: 1) основные потребности, такие как еда и кров; 2) потребности в безопасности; 3) социальные потребности, включая любовь; 4) уважение и 5) личностный рост. Таким образом, казалось бы, что люди низшего класса, соответствуют первым двум уровням, которые касаются основных потребностей и проблем безопасности. Они редко голосуют, имеют низкие доходы и не в состоянии реально изменить свое положение. Когда большинство политиков хотят продемонстрировать, что их действия эффективны, резкое сокращение социальных программ для неимущих становится центром их внимания, как будто это показывает их финансовую ответственность. Поскольку влияние людей из низов незначительно, в политической власти никто их представляет. На самом деле, зачастую они так заняты тем, чтобы просто выжить, что не замечают сокращения программ, пока это не касается их напрямую.

There are many stories surrounding the plight of this group. To say that one represents the thinking of an entire class of people would not be possible. In the case of Tomas, he is a hard working optimistic person. He is not worldly in the ways of international relations, but he is a survivor. He believes in the future and that hard work will ultimately help him reach his goals. He has not lost hope. Many Americans in all classes seem to have an optimistic spirit. Perhaps this might be a common thread to explore in our search to understand American thinking and being.

Есть много историй, касающихся бедственного положения этой группы населения. По одному человеку трудно судить, что думает весь класс этих людей. В случае с Томасом – это трудолюбивый, не теряющий надежды человек. Он не разбирается в международных делах, он просто выживает. Он оптимист, верит в будущее и в то, что упорная работа в конечном счете поможет ему достичь цели.   Многие американцы из всех слоев общества считают себя оптимистами. Возможно, это и есть общая нить, которой нужно следовать в нашем поиске понимания американского образа мысли и бытия.

Chapter 3. Fran's World of Bingo

Setting the Scene

A very popular game in the United States is Bingo. The game can be found with many churches, schools and civic organizations. It is also offered commercially and as a fund raiser for fire companies. The game is played with the use of 75 numbered balls which are drawn randomly from a container. As the Bingo caller draws out each number, players joyfully mark their cards if their number is called. "B" balls have individually numbered balls from 1 to 15. "I" balls are sequentially numbered from 16 to 30 and the remainder follow the 15 ball pattern up to the letter "O", which is "60-75." The object of the game is be the first person in the room to get 5 balls either horizontally, vertically, or diagonally. If you do, you win. A Bingo player card has five numbers under each letter in Bingo. Thus, a large number of cards are possible without repetition. Below is a typical Bingo card.

B	I	N	G	O
12	18	41	47	61
7	26	39	54	70
4	27	FREE 4785 SPACE	49	63
5	23	35	58	73
3	30	32	52	75

Глава 3. Мир Бинго Фрэн

Определение ситуации

Бинго – это очень популярная игра в Соединенных Штатах. В эту игру играют во многих церквях, школах и общественных организациях. Ее также предлагают с коммерческой целью и в качестве сбора пожертвований для пожарных компаний. В игре используются 75 пронумерованных шаров, которые достаются случайным образом из контейнера. Каждый раз, когда ведущий Бинго достает шар с номером, игроки радостно отмечают свои карточки, если назван их номер. Шары с буквой «Б» индивидуально пронумерованы от 1 до 15. Шары с буквой «И» последовательно пронумерованы от 16 до 30, а остальные 15 шаров соответствуют оставшимся буквам до конечной "О" с номерами в пределах 60-75. Выигрывает тот, кто первым заполняет пять клеток по горизонтали, вертикали и диагонали. Бинго карточка игрока имеет пять номеров под каждой буквой. Таким образом есть возможность играть с большим количеством карточек, номера в которых не повторяются. На предыдущей странице приведен образец типовой Бинго карточки.

Thus, if you got B 12, 7, 4, 5, and 3 in a row, you would win. You could also get B-12, I-26, free, N-58, and O-75 on a diagonal and so on. The first one to complete the pattern wins. It is a game of chance and can be very habit forming. To some, playing Bingo is more than a game. It is their relaxation and the outlet for their social energies. They see the same people and talk about their lives and complain about their children or the government. In many ways, their fellow players are their family. Perhaps Fran's story will help the reader understand this concept.

However, before we get to Fran's story it would be useful to understand that there are formal as well as informal rules of the game. As previously mentioned, the formal rules are fairly straight forward. There are of course some variations in winning patterns such as things called a lazy L, postage stamps and some kind of a "J". The technicalities of these advanced aspects should be left to the Bingo players to understand and are not the subject of a book on a quest to find a typical American. However the informal rules of Bingo still require some understanding. These informal rules fall within the purview of good manners and acceptable norms.

First and foremost is the notion you should not sit in another's lucky place. Players who attend Bingo on a regular basis are very protective of their lucky space. Regular players know not to sit in someone else's lucky seat. Occasionally, a less frequent player will take their seat. To avoid these problems, most bingo players arrive up to two hours early to stake out their place. Moreover, they often reserve the places of others who are regulars at the Bingo.

Итак, если бы вы получили Б 12, 7, 4, 5, и 3 подряд, вы бы выиграли. Вы бы также могли выиграть, если бы получили Б-12, И-26, свободную клетку, Н-58, и О-75 по диагонали и так далее. Первый, заполнивший клетки, выигрывает. Это азартная игра и может вызывать сильное привыкание. Для некоторых игра в Бинго – это больше, чем игра. Это их способ расслабиться и дать выход эмоциям. Они знакомятся, говорят о своей жизни, жалуются на детей или правительство. Во многих случаях их товарищи по игре и есть их семья. Возможно, история Фрэн поможет читателю понять эту концепцию.

Однако, прежде чем мы перейдем к истории Фрэн, было бы полезно понять, что есть как формальные, так и неформальные правила игры. Как уже упоминалось ранее, формальные правила довольно просты. Есть, конечно, некоторые вариации выигрыша, такие как «ленивое Л», «почтовые марки» и некое "Джей". Понимание технических деталей этих сложных аспектов оставим игрокам Бинго, так как это не является предметом книги, направленной на поиски типичного американца. И все же неформальные правила Бинго требуют некоторого понимания. Они входят в сферу воспитанности и принятых норм поведения.

В первую и главную очередь, это понимание того, что Вы не должны садиться на «счастливое место» другого человека. Игроки, которые регулярно посещают Бинго-зал, тщательно охраняют свое «счастливое» пространство. Постоянные игроки знают, что нельзя садиться на чужое везучее место. Бывает, что новичок садится на такое место. Чтобы избежать этих проблем, большинство игроков в Бинго приходят на два часа раньше, чтобы застолбить свое место. Более того, они зачастую резервируют места для других завсегдатаев игры в Бинго.

Organizations that see these players regularly will also reserve areas. If one is unfortunate enough too accidently sit in a regular player's lucky place, it is best to offer it to the regular player prior to any altercation.

Approximately three out of four players bring lucky charms with them. Types of lucky charms vary including, various stuffed or ceramic animals such as elephants, bears, birds and others. They also may have lucky socks, troll dolls, four leaf clovers, a rabbit's foot, pet rocks, pictures of their children and anything having special significance in their lives. The reasoning being that these charms will help them win. They also arrange their daubers (markers for called numbers) based on color and other factors. The cardinal rule here is to never touch another player's set-up. This can create serious conflict.

Other concern which can upset players is a person who calls a false Bingo, someone who talks too loud, and someone who brags about their winnings. So serious is this game to some that an occasional brawl might break out. However, in truth this is quite rare. Most Bingo players are wonderful caring people; they are there to have a good time and to socialize with their Bingo friends. They are a confidant to one another and share about their lives in detail. Sometimes they seek advice, and maybe they just need to talk.

Организации, которые видят этих игроков регулярно, будут также сохранять их места. Если кто-то, особенно невезучий, случайно занимает «счастливое место» постоянного игрока, лучше всего успеть вернуть его завсегдатаю до начала какой-нибудь перепалки.

Примерно трое из четырех игроков приносят с собой талисманы. Виды счастливых талисманов отличаются, включая различные чучела или керамических животных, таких как слоны, медведи, птицы и другие. Это также могут быть "счастливые" носки, куклы-тролли, четырехлистный клевер, кроличья лапка, камешки, фотографии своих детей и что-либо, имеющее особое значение в их жизни. Бытует мнение, что эти амулеты помогут им выиграть. Еще они устанавливают свои маркеры в определенной последовательности в зависимости от цвета и других факторов. Главное правило здесь – никогда не касаться предметов на столе другого игрока, это может создать серьезный конфликт.

Другая проблема, которая может расстроить игроков, - это человек, который выкрикивает ложное Бинго, когда кто-то говорит слишком громко и когда кто-то хвастает своими победами. Для некоторых эта игра настолько серьезна, что иногда может вспыхнуть драка. Хотя, по правде говоря, это случается довольно редко. Большинство игроков в Бинго добрые, чуткие люди; они играют, чтобы хорошо провести время и пообщаться со своими друзьями по Бинго. Они доверяют друг другу и в подробностях делятся событиями из жизни. Иногда они обращаются за советом, а может, им просто нужно поговорить.

Those times before the game starts or momentary breaks in the game provide this outlet. These friendships can be very deep and can involve the performing of acts of kindness and caring outside of the halls of Bingo.

It is not uncommon for fellow Bingo players to be invited to other player's weddings, baby naming and other life events. Moreover, when someone is sick, they can provide support for one another. Last year, when one of the players was going through extensive chemo treatments for cancer, the other players took shifts in providing dinner for her family. When asked about it, they said, "We are all just like family. If it happened to one of us, she would do the same thing."

Fran is a woman of fifty years. She is of medium height and build and has blonde hair which is cut fairly short. She has a very professional air about her, which seems to fit since her daytime job is an executive secretary for a local financial firm. She was married, but lost her husband a few years ago in a traffic accident. She never remarried. She also has a grown son and daughter. Her daughter lives in California, so she doesn't get to see her and the grandchildren as much as she might like. However, she does travel there twice a year, once in the summer and usually around Christmas time. She and her daughter will talk daily on the telephone. Her son, on the other hand, lives nearby. Unfortunately, his wife and Fran do not get along. As a result, Fran feels isolated. Initial complaints to her son about lack of contact had the opposite effect of what she had hoped for because he seemed to side with the wife when it came to the discussion involving Fran taking a more active role in their lives. She does see her son's children periodically, but the visits feel very strained.

Этот выплеск эмоций происходит до начала игры или в короткие перерывы в игре. Эти дружеские отношения бывают очень глубокими и могут включать проявление доброты и заботы за пределами залов Бинго.

Для сотоварищей по Бинго – не редкость пригласить другого игрока на свадьбу, именины детей и другие события в жизни. Более того, когда кто-то болен, они могут оказать поддержку друг другу. В прошлом году, когда одна из игроков проходила обширную химиотерапию при лечении рака, остальные игроки по очереди готовили обеды для ее семьи. Когда их спросили об этом, они сказали: «Мы все - просто как одна семья. Если бы это случилось с одним из нас, она бы сделала то же самое».

Фрэн - женщина пятидесяти лет. Она среднего роста и телосложения, у нее светлые коротко стриженые волосы. От нее веет профессионализмом, что, видимо, соответствует ее ежедневной работе в качестве исполнительного секретаря в местной финансовой компании. Она была замужем, но потеряла мужа несколько лет назад в дорожно-транспортном происшествии. Она больше не вышла замуж. У нее есть взрослый сын и дочь. Ее дочь живет в Калифорнии, так что она не может видеться с ней и внуками так часто, как ей бы хотелось. Однако она ездит туда два раза в год: один раз летом и, как правило, во время Рождественских праздников. Она и ее дочь каждый день разговаривают по телефону. А вот ее сын живет неподалеку. К сожалению, его жена и Фрэн не ладят. В результате Фрэн чувствует себя изолированной. Первоначальные претензии к сыну об отсутствии общения имели противоположный эффект тому, на что она надеялась, потому что у нее сложилось впечатление, что он на стороне жены, когда вопрос коснулся слишком активного участия Фрэн в их жизни. Она все-таки периодически видит своих внуков, но эти визиты вызывают чувство напряженности.

Last year when she had her gallbladder removed, neither her son nor his family visited her or even sent a get well card. In truth, the players and friends at Bingo have really become her family.

Fran's Story

Fran had agreed to be interviewed after some coaxing. She had two objections. The first was that she was just an average person and felt she could lend little to our quest for knowledge. I explained that we wanted her opinion and it would be helpful if she would let me interview her. Second, she felt guilty because she literally played bingo every night of the week. "Do you think this is a bad thing," she asked me. "I'm getting older and I really enjoy the game. I love my friends and sometimes I feel this may be a little crazy." I explained to her that if this is what made her happy, she should just do it. I said, "Life is short and we should enjoy our friends and do the things we want to do before it is too late. Besides, you worked hard all your life to earn money. It is not like you can't afford to play." She agreed with me and enthusiastically decided to help me with the interview. Our conversation took place in one of the private rooms adjacent to the Bingo hall. The interview was conducted early so that our conversation would not conflict with the scheduled Bingo.

В прошлом году, когда Фрэн удалили желчный пузырь, ни ее сын, ни его семья не навестили ее или даже не прислали открытки с пожеланиями скорейшего выздоровления. По правде говоря, игроки и друзья по Бинго действительно стали ее семьей.

История Фрэн

Фрэн согласилась дать интервью после некоторых уговоров. У нее было два возражения. Первым было то, что она просто обычный человек и считает, что может дать совсем немного информации для достижения нашей цели. Я объяснил, что мы хотели бы знать ее мнение, и было бы полезно, если бы она позволила мне взять у нее интервью. Во-вторых, она чувствовала себя виноватой: ведь она играла в Бинго буквально каждый вечер. «Ты думаешь, это плохо? – спросила она меня. – Я становлюсь старше, и я действительно наслаждаюсь игрой. Я люблю своих друзей, но иногда чувствую, что это, возможно, какое-то безумие». Я объяснил ей, если это то, что делает ее счастливой, она просто должна это делать. Я сказал: «Жизнь коротка, и мы должны радоваться нашим друзьям и делать то, что мы хотим, пока не стало слишком поздно. Кроме того, вы трудились всю жизнь, чтобы заработать деньги. Вы же можете себе это позволить». Она со мной согласилась и с энтузиазмом решила помочь мне с интервью. Наш разговор состоялся в одной из приватных комнат, прилегающих к Бинго-залу. Интервью было проведено пораньше – так, чтобы наш разговор не нарушил график Бинго.

My first question was about why there are so many rich Americans. Fran responded that she really wasn't rich. Her job gave her the resources to have a nice town house, to have food on the table, and to travel to California on occasion. "But rich," she stated, "not me." She also said that, "Sometimes people think I am rich because I play so much Bingo. In truth, if you play enough, you are going to win occasionally and my winnings offset the cost of Bingo. I also live a rather frugal and conservative lifestyle and Bingo is my daily vacation. If I could not afford it I would not do it. But then, you don't have to be rich to play Bingo."

I then asked what she generally liked to see on television. Fran remarked that most evenings she went out to Bingos and really didn't watch television. However, she was very fond of daytime soap operas. Since she worked during the weekdays when such shows aired, she had a device on her television which would record the show for her later viewing. "I gotta have my soaps, other than that I don't watch much" (*gotta* is slang for "need to"). Soaps is an American term for "soap operas." These are daily television shows which are a continuous adventure of main characters in life-like situations. They never seem to reach a conclusion since as each show ends for that day; a new scenario develops to make the viewer want to continue watching the next day.

Мой первый вопрос был о том, почему в Америке так много богатых людей. Фрэн ответила, что на самом деле она небогата. Ее работа дала ей возможность иметь хороший дом в городе, еду на столе и время от времени ездить в Калифорнию. «Но богатая, – заявила она, – это не я». Еще она сказала: «Иногда люди думают, что я богата, потому что я так много играю в Бинго. По правде говоря, если вы играете достаточно много, периодически вы будете выигрывать, а мои выигрыши компенсируют затраты на Бинго. Я также живу довольно скромно, старомодно, а Бинго – это мой ежедневный отдых. Если бы я не могла себе позволить этого, я бы не играла. Вам не обязательно быть богатым, чтобы играть в Бинго».

Затем я спросил, что она любит смотреть по телевизору. Фрэн сказала, что почти каждый вечер она идет играть в Бинго и фактически телевизор не смотрит. Тем не менее она очень любит дневные мыльные оперы. Поскольку она работает в будние дни, когда эти шоу в эфире, у нее есть такое телевизионное устройство, которое записывает передачи для последующего просмотра. «У меня должно быть свое «мыло» в отличие от других передач, которые я мало смотрю». «Мыло» - это американский термин, обозначающий «мыльные оперы (сериалы)». Это ежедневные телевизионные шоу, которые представляют собой бесконечные приключения главных героев в жизнеподобных ситуациях. Кажется, они никогда не кончаются, потому что в конце каждой серии закручивается новый сюжет, чтобы заставить зрителя захотеть продолжить просмотр на следующий день.

I also asked, what she thought about Russians. "I really have never met any Russians per se", she noted. "However, in my previous apartment, before I moved to the town house, there was a Russian couple who lived next door. The wife and I got along quite well. The man seemed to be not very friendly. He rarely spoke to anyone or me for that matter. It also irritated me because he would sit on the outside bench and eat sunflower seeds all day. He would just let the shells stay on the ground and never cleaned them up. Other than that, my exposure to Russians is very limited." In the end, Fran acknowledged that people are people. That if their hearts and their intentions are pure, she has no problem with any race or ethnicity.

I asked Fran what she would like to see happen in her future. She explained that she would like more family involvement from her son and daughter-in-law. "You know," she said, "I feel very isolated from my grandchildren. You can have money, fame and fortune, but without your family, you really have nothing." She also expressed to me that she misses her husband. "We would be rapidly approaching the time of our lives where we could have travelled together. I would have liked that a lot. Of course, I am thankful that I had him for the years that I did. I guess I should count my blessings."

I thanked Fran for sharing her views and explained how appreciative I was for her taking time to talk to me. The interview reinforced my notion that it is not enough to learn the language when we wish to understand another group. We also need to know about their culture.

Я также спросил, что она думает о русских. «Я действительно никогда не встречала русских как таковых, – отметила она. – Однако, в моей предыдущей квартире до того, как я переехала в городской дом, была русская пара, которая жила по соседству. Жена и я ладили довольно хорошо. Мужчина показался мне не очень дружелюбным в том смысле, что он редко разговаривал со мной или с кем-либо еще. И еще он меня раздражал тем, что мог целый день сидеть на улице на скамейке и щелкать семечки. Он просто бросал шелуху (от семечек) на землю и никогда за собой не убирал. Кроме этого случая, мое общение с русскими весьма ограничено». В конце концов, Фрэн признала, что люди есть люди, что, если их душа и намерения чисты, у нее не может быть проблем с ними независимо от их расы и этнической принадлежности».

Я спросил Фрэн, каким она хотела бы видеть свое будущее. Она объяснила, что хотела бы большего участия от своего сына и невестки. «Вы знаете, - сказала она, - я чувствую себя очень изолированной от внуков. Можно иметь деньги, славу и богатство, но без вашей семьи, на самом деле у вас нечего нет». Также она поделилась со мной тем, что скучает по своему мужу. «Мы стремительно приближались к тому времени в нашей жизни, когда мы могли бы путешествовать вместе. Мне бы этого очень хотелось. Конечно, я благодарна за те годы, которые прожила с ним. Думаю, что я должна быть благодарна за все, что имею».

Я поблагодарил Фрэн за то, что она поделилась своими мыслями, и объяснил, как высоко я ценю то время, которое она нашла, чтобы поговорить со мной. Интервью подтвердило мою идею о том, что недостаточно выучить язык, когда мы хотим понять других людей. Мы также должны изучать их культуру.

Sociological Commentary

The notion of respect for elders takes on a different meaning in America. In many countries, applying the notion of respect for elders' means protecting and providing for your parents and older relatives. You are responsible for their welfare and to ignore their needs would be a disgrace for you in the eyes of the community. It is not uncommon to see multigenerational families all living together in the same place. After all, if your parent needs a place to live, and can no longer provide for themselves, who better to take care of them than their own children?

In the United States, this notion is translated differently, particularly amongst the middle class. It is not uncommon for the elderly to go to different types of senior living facilities. Often, I have heard my foreign colleagues' ask, "Why would you put your parents with strangers?" There are a number of reasons why it is different in American culture. First, there is an old saying which states, "Having two women in the kitchen is a dangerous thing." In the past, this could manifest itself in conflict between a mother-in-law and her son's wife. Little things like rearranging the furniture when the wife is gone or cooking a meal for the son when the wife was planning a different meal or a restaurant date in the evening. It is interpreted as interference and can lead to extreme friction in a relationship. Perhaps one might surmise that this fear of interference is what drives the friction between Fran and her daughter-in-law. Second, most senior citizens do not want to live with their children. They say they don't want to be a burden and they truly feel they would fare better with people around them from their own generation who understand them and can relate to them.

Социологический комментарий

В Америке понятие «уважение к старшим» приобретает разное значение. Во многих странах "уважение к старшим" означает защиту и обеспечение ваших родителей и старших родственников. Вы несете ответственность за их благополучие, и не обращать внимания на их нужды – это позор для вас в глазах общества. Зачастую можно встретить несколько поколений, живущих под одной крышей. Ведь если ваши родители нуждаются в жилье и не могут больше обеспечивать себя, кто позаботится о них лучше, чем их собственные дети?

В Соединенных Штатах это понятие интерпретируется по-разному, особенно среди среднего класса. Это не редкость, когда пожилые люди уходят жить в различные дома престарелых. Я часто слышал, как мои иностранные коллеги спрашивают: «Зачем вы поместили своих родителей с незнакомыми людьми?» Существует ряд причин, почему это понятие отличается в американской культуре. Во-первых, есть старая поговорка в которой говорится: «Две женщины на одной кухне - опасная вещь». В прошлом это могло проявляться в конфликтах между свекровью и женой ее сына: в мелочах, вроде перестановки мебели, когда невестки нет дома, или приготовления еды для сына, когда его жена планировала приготовить другие блюда или наметила поход вечером в ресторан. Это интерпретируется как вмешательство в их личную жизнь и может привести к сильным трениям в отношениях. Скорее всего, именно это и стало причиной трений между Фрэн и ее невесткой. Во-вторых, большинство пожилых граждан людей не хотят жить со своими детьми. Они говорят, что не желают быть обузой, и действительно считают, что они жили бы лучше в окружении людей своего поколения, кто их понимает и может установить с ними отношения.

Thus, many times the seniors themselves object to the notion of a shared living circumstance. As a result, senior living facilities in America are a very prevalent and growing industry.

Senior living facilities take on many forms. They are sometimes divided into types of offerings such as independent living, assisted living, and nursing home care. Independent living communities, also known as retirement communities, are generally for seniors 55 and older. They are provided apartments, condominiums, or cottages (small one-floor access homes). They do not require daily assistance with activities, but may benefit from convenient services and surroundings which are friendlier to their daily lives. This may include doctors, dentists, hairstylists and grocery services, all coming to their living location. Also, their location will house the opportunity for a variety of friendships with people from their generation. The most significant difference between assisted living and independent senior living is the care provided. Residents of assisted living facilities require help with daily activities like medication, eating, bathing, dressing, and personal care. They are in fact, monitored more closely. The third option is nursing home care. Unlike assisted living, nursing homes (also called skilled nursing facilities) provide twenty four hour medical attention to the residents. Often, seniors with cognitive impairments, or those that suffer from debilitating medical problems such as dementia or Alzheimer's disease require this type of attention.

Таким образом старики сами часто отказываются жить под одной крышей со своими детьми. В результате в Америке дома престарелых широко распространены и являются растущей отраслью.

Дома престарелых бывают различных типов. Они подразделяются на типы, предлагающие, например, независимый образ жизни, проживание с уходом и проживание с сестринским уходом. Сообщества независимого образа жизни, известные также как сообщества вышедших на пенсию, обычно предназначены для пожилых людей 55 лет и старше. Им предоставляются отдельные квартиры, со-владельческие квартиры или коттеджи (небольшие одноэтажные дома). Для жизни им не нужна ежедневная помощь, но они могут иметь недорогой удобный сервис, приспособленный к их повседневным нуждам. Эти услуги могут включать приходящих врачей, дантистов, парикмахеров и доставку продуктов непосредственно к ним домой. Кроме того, жизнь в доме престарелых дает возможность устанавливать различные дружеские связи со сверстниками. Наиболее существенное различие между жильем с уходом и жильем независимого образа жизни – это обеспечение постоянного попечения. Обитатели домов с уходом требуют помощи в повседневной жизни, такой как лекарства, еда, купание, одевание и личная гигиена. Они действительно находятся под более тщательным наблюдением. Третий вариант – дома с квалифицированным сестринским уходом. В отличие от домов с обычным уходом, дома, называемые жильем с квалифицированным сестринским уходом, обеспечивают своих жильцов круглосуточной медицинской помощью. Часто пожилые люди с когнитивными нарушениями или страдающие от старческих болезней, таких как деменция или болезнь Альцгеймера, требуют такого вида ухода.

These facilities can be private or publically run. Where a senior might be placed is often a matter of affordabilityю

It should be noted that not all seniors will choose this route. Some prefer to live out their lives in their own home. Caretakers or a family member can come to the home and check on them. In some cases they do move in with their children; particularly, when there is a need. For example, both parents work and there is a need for childcare. The grandmother or grandfather can provide this option. Many seniors do not mind moving in with their children if they have purpose and meaning to their lives. Also, it is not uncommon for families to build a senior apartment in their homes which will allow the elderly parent a sense of independence and privacy even though they are living in close proximity. In Fran's situation, unless she is willing to move to California, she will eventually enter some type of senior living facility.

A final point about Fran's story is that I am reminded of the theory put forward by Carol Stack called "fictive kin." This is the idea that we can promote someone not related to us by blood, marriage or adoption to become a part of our family. This could be a good friend, a favorite professor, someone who has done you a major kindness in your life, or people at Bingo who you share life experiences with on a regular basis. Adopting a new family member in this manner is a common practice in America.

Эти дома могут быть частными или государственными. Куда поместить такого человека зачастую зависит от материальных возможностей.

Следует заметить, что не все пожилые люди выбирают этот путь. Некоторые предпочитают доживать свою жизнь в своем собственном доме. Ухаживающие за ними или члены семьи могут приходить к ним домой и проверять их состояние здоровья. В некоторых случаях они съезжаются со своими детьми, особенно когда в этом есть необходимость. Например, оба родителя работают и есть необходимость ухода за детьми. Бабушка или дедушка могут предоставлять такую возможность. Многие пожилые люди не прочь переехать к своим детям, если у них есть цель и смысл в жизни. К тому же нередко встречаются семьи, которые обустраивают квартиры старикам в своих домах, что позволяет пожилым родителям чувствовать свою независимость и уединение, даже если они живут (со своими детьми) в непосредственной близости. В ситуации Фрэн, в случае, если она не будет готова переехать в Калифорнию, ей со временем придется переступить порог какого-либо дома престарелых.

Чтобы поставить финальную точку в истории Фрэн, мне вспомнилась теория, выдвинутая Кэрол Стек и называемая «вымышленный родственник». Идея состоит в том, что мы можем способствовать кому-то, не связанному с нами кровными узами, браком или усыновлением, стать частью нашей семьи. Это может быть хороший друг, любимый учитель, тот, кто сделал много хорошего в вашей жизни, или люди, играющие в Бинго, с кем вы постоянно делитесь своим жизненным опытом. Прием в семью нового члена подобным образом - обычная практика в Америке.

Chapter 4. Mary Lives in New York City Now

Setting the Scene

Mary Stottlemyer grew-up in a small town in Wisconsin. She attended the University of Wisconsin at Madison, and received a bachelor's degree in English literature. She stayed an additional two years and completed her master's degree in journalism. It was always her dream to become a reporter for a major metropolitan newspaper. Just after graduation, she moved to New York City with her cat Tiger to pursue her dream. It wasn't easy. It took her six months to find her current job as a copy editor for a small new tabloid. During her search for a job, she used much of her savings, worked odd jobs, and was given support by her parents.

Mary lives outside the city center in one of the five surrounding boroughs (sections) in New York. She has a modest one bedroom apartment which costs about $1800.00 per month. This same apartment in the city center would cost $3,000.00 per month. This is the reason she commutes to work each day on the metro. The tabloid operates a seven day a week schedule, so often Mary works on week-ends as well. Mary does not own a car, because automobiles are not practical in New York. Residential parking can run several hundred dollars per month; traffic is extremely difficult; and parking at work could cost her an additional several hundred dollars per month. Instead, she buys a monthly metro pass which costs about $112.00.

Глава 4. Сейчас Мэри живет в Нью Йорке

Определение ситуации

Мэри Стоттлмайер выросла в небольшом городке в штате Висконсин. Она закончила университет штата Висконсин в Мэдисоне и получила степень бакалавра по английской литературе. Еще два года в университете ушли на получение степени магистра по специальности «Журналистика». Она всегда мечтала работать репортером в большой газете. Получив диплом и захватив с собой своего кота Тигра, она переехала в Нью Йорк, чтобы осуществить свою мечту. Было трудно. На то, чтобы найти свою теперешнюю работу выпускающего редактора небольшой бульварной газетки из новых (таблоидов), ушло 6 месяцев. За время поисков работы она потратила большую часть своих сбережений, перебивалась случайными заработками, пользовалась помощью родителей.

Мэри живет в одном из пяти районов Нью Йорка, окружающих центр города - Манхэттен. В ее распоряжении скромная квартирка с одной спальней, которая обходится ей 1800 долларов в месяц. В центре города такая же квартира стоила бы ей 3000 долларов в месяц. По этой причине до работы она добирается каждый день на метро.

Газета работает 7 дней в неделю, поэтому Мэри часто приходится работать и по выходным. Машины у Мэри нет: в Нью Йорке это не выгодно. Стоянка машины для жильцов может обходиться до нескольких сотен долларов в месяц, дороги перегружены транспортом, а парковка на работе будет стоить еще несколько сотен долларов в месяц. Вместо этого она покупает месячный проездной на метро, который обходится ей в 112 долларов.

Mary is about 5" 2" tall (1.57 meters) and is very slender. Generally she is fairly plain looking, however when she takes her glasses off, lets down her long dark hair, and dresses for the evening, she can be quite striking. She doesn't date much. If you ask her, she will say she is too busy pursuing her career. In truth, she really doesn't have that many opportunities. Most of her co-workers are female. There is one older man in the copy department, but he is married and not very appealing. Two times some of her friends tried to fix her up with a "blind date" (two strangers and an arranged introduction by friends); but both men did not appeal to her. The first man kept talking about himself the entire evening and she found him to be boring and egotistical. The second man kept putting his hands all over her, telling her she was beautiful, and how he needed to have sex with her. She got rid of him quickly, and that evening ended early.

Her faithful companion is Tiger her cat. He always greets her warmly and never judges her. In the evening, Mary spends time reading or talking to her friends on various social media. She rarely goes out to a restaurant, because they are expensive, and she is content to relax in her apartment. She is contemplating writing some short stories about New York and its everyday people. However, she has not started any stories as of yet.

I met Mary through a Facebook friend and after explaining the purpose of my research, Mary agreed to do the interview. We met at a Starbucks in mid-town New York. This was basically because I was not familiar with the part of town she lived in and also because it was near her work which was also in Mid-town. Another reason was that it is extremely difficult to find any real privacy in New York. The Starbucks provided comfortable lounge chairs which were somewhat isolated from the noise of the busy coffee shop.

Мэри – очень худенькая девушка невысокого роста (1.57 м). Выглядит она довольно обыкновенно, однако если она снимает очки, распускает свои длинные темные волосы, надевает нарядные вещи, то производит очень хорошее впечатление. Она ни с кем не встречается. Если вы спросите ее об этом, то она скажет, что слишком занята на работе. Но правда в том, что у нее не так много возможностей. Большинство сотрудников – женщины. В другом отделе есть один мужчина, но он мало привлекателен, да к тому же женат. Дважды друзья устраивали ей свидания вслепую (двум незнакомым людям друзья устраивают свидание для знакомства). Ни один из мужчин ее не впечатлил. Первый – весь вечер проговорил исключительно о себе: она поняла, что он скучный эгоист. Второй – все время к ней прикасался, рассказывал, какая она красивая и как ему нужно переспать с ней. Она быстро от него избавилась и в тот вечер вернулась домой рано.

Ее верный друг – это кот Тигр, он всегда тепло ее встречает и никогда не осуждает ее. Вечера проходят за чтением или разговорами с друзьями в социальных сетях. Она редко посещает рестораны: это дорого, её удовлетворяет отдых дома. Она собирается писать рассказы о Нью Йорке и его жителях. Однако ни одного рассказа еще не написано.

С Мэри меня познакомил друг по Фейсбуку, он объяснил цель моего исследования, и Мэри согласилась ответить на вопросы. Мы встретились в кафе «Старбакс» в центре Манхеттена. Я выбрал это место, потому что мне совершенно не знаком тот район, где она живет и еще потому, что это было близко к ее работе, которая тоже находится в центре города. В Нью Йорке очень трудно найти уединенное место, а «Старбакс» располагал удобными креслами в тихом углу популярного и шумного кафе.

Mary's Story

We greeted each other warmly as I immediately recognized her from her Facebook photo. I then explained to her my purpose for the interview and how it relates to the book I was writing. I also asked her to answer the questions as frankly and honestly as possible. I promised her anonymity, so she could say whatever she liked without my attaching her name to the response. She seemed pleased with the conditions.

I then asked her why there are some many rich Americans. She responded, "there probably are a lot of rich Americans, I just don't happen to be one of them. I make a salary of $45,000 per year. Sounds pretty good until you take into account that my rent is $21,600 per year plus utilities cost about $1,700, metro pass about $1350.00. Then I have to eat and have other daily expenses. When I think about it, I don't know how I survive on my salary." Mary also gave me the cost of everything at the supermarket such as eggs $3.14, apples $4.00 per kilo, oranges about the same, and so on. Mary said, "I even gave up smoking. Do you know that cigarettes are $12.00 per pack here?"

Mary continued, "I chose journalism because it was something I really wanted to do. Anyone who goes into this field and expects to be rich is sadly mistaken. Certainly someday I plan to make a decent living, but rich I don't believe I will ever be. I also believe that in this great country of ours, if a person is willing to work hard enough, there are opportunities to become rich.

История Мэри

Мы тепло друг с другом поздоровались, я сразу узнал ее по фотографии на Фейсбуке. Я рассказал ей, почему пригласил ее на интервью, и какое отношение этот разговор имеет к книге, над которой я работаю. Я попросил ее отвечать на вопросы предельно откровенно. Я пообещал полную анонимность, поэтому она может сказать все, что хочет – ее имя не будет значиться в ответах. Условиями, как мне показалось, она осталась довольна.

Затем я спросил ее, почему в Америке так много богатых людей. Она ответила: «Наверное, в Америке и правда много богатых, но я к ним не принадлежу. Я зарабатываю 45 000 долларов в год. Вроде бы, неплохо, если не знать, что за квартиру я плачу 21 600 долларов в год, плюс коммунальные услуги на сумму 1700, плюс стоимость проездного на метро 1300. Мне еще нужно питаться, есть и другие ежедневные расходы. Когда я думаю об этом, то вообще не представляю, как мне удается выживать на мою зарплату». Мэри также перечислила цены на некоторые товары в супермаркете: яйца – 3.14 доллара, яблоки - 4 доллара за килограмм, апельсины – примерно столько же и т.д. Мэри сказала: «Я даже курить бросила. Вы знаете, что сигареты здесь стоят 12 долларов за пачку?»

Мэри продолжала: «Я выбрала журналистику, потому что мне очень хотелось этим заниматься. Каждый, кто посвящает себя этому делу и надеется разбогатеть, к сожалению, ошибается. Конечно, я надеюсь, что наступит день, когда я буду прилично зарабатывать, но, думаю, я никогда не стану богатой. Я также считаю, что в нашей великой стране, если у человека есть желание усердно работать, то возможность разбогатеть существует.

We are after all, a land of opportunity. Maybe that is why some foreigners think all Americans are rich." I validated her statements and complimented her on her observations.

Next, I asked Mary what she watches on television. She seemed a little surprised at the question. "Young people today rarely watch television," she stated. "Our social media is hand held. I have everything I need with my technology. I can contact anyone, can read books, watch movies, see events streaming as they happen. Television is a dinosaur and it will soon disappear." Mary did acknowledge that she had a television in her home, but it was there purely because she brought it from Wisconsin. Also, her cable includes a TV network hookup as well as Wi-Fi which is really the connections she wants.

I asked Mary what she thought of Russians. She said that she had a lot of Russian friends on the internet. Two were from Moscow, one from St. Petersburg, another from Chicago and one right in New York City.
"They're just like us," she said. "We talk about all the same things." She also suggested that if I want to meet Russians, I should go to Brighton Beach. This is an area in New York known as "Little Odessa."

I asked Mary what she would like to see for herself in the future. She stated that she would like to fulfill her dream of working for a major newspaper or becoming a news reporter in a local television station. "I took acting when I was in college and did pretty well. I know I would be good at it." She also stated that if fame and fortune included a large amount of money that could make her happy as well. I also asked her about a future family.

В конце концов, мы страна великих возможностей. Может быть, именно поэтому некоторые иностранцы думают, что все американцы богачи». Я взвесил то, что она сказала, и похвалил ее за наблюдательность.

Затем я спросил Мэри о телепередачах, которые она смотрит. Вопрос ее немного удивил. «Молодые люди сегодня, - сказала она, - редко смотрят телевизор. Наши средства массовой информации у нас в руках. У меня есть все, что мне нужно. Я могу связаться с любым человеком, могу читать книги, смотреть кинофильмы, просматривать новости. Телевизор – это динозавр, который скоро исчезнет». Мэри все же признала, что у нее дома есть телевизор, но он там стоит просто потому, что она привезла его из Висконсина. Пакет интернет-услуг, которым она пользуется, включает кабельное телевидение и Вай-Фай, который ей действительно нужен.

Я спросил Мэри, что она думает о русских. Она сказала, что в Интернете у нее много друзей из России. Двое – из Москвы, один – из Санкт Петербурга, еще один – из Чикаго и есть один из Нью Йорка. Они точно такие же, как мы, – сказала она, – мы обсуждаем одни и те же вещи». Она мне предложила съездить на Брайтон Бич, если я хочу познакомиться с русскими. Этот район Нью Йорка еще известен как «Малая Одесса».

Я спросил Мэри, какого будущего она для себя желает. Она ответила, что хочет осуществить свою мечту и поработать в большой газете или стать репортером для местного телевизионного канала: «Когда я была в колледже, то изучала актерское мастерство и у меня получалось неплохо. Я знаю, что смогу». Она также сказала, что если слава и удача включают наличие больших денег, то это также может сделать ее счастливой. Я спросил ее о будущей семье.

She replied that it is important to her. "Particularly for my parents who would like to be grandparents. However, that will have to wait. My career must come first. By the way, do you know any nice guys?" I told her I would "keep a lookout" (watch) for her.

I found the interview with Mary very open and friendly. I wished her luck on her future career and we parted. What really impressed me was her dedication and focus. I have seen this type of dedication and focus in other young people I have interviewed internationally. Americans have so much in common with their foreign neighbors. I could not help but think how important it is for young people of all cultures to get to know one another. The youth of today are our future decision makers. They are also our greatest hope for peace as we develop understanding between all the cultures of the world.

Sociological Commentary

There is a saying in America which says, "Would you rather be a small fish in a big pond or a big fish in a small pond?" In truth, Mary could have stayed in her small town in Wisconsin and become a reporter for the small newspaper in the town. Literally to be the big fish in a small town. Moreover, there are some both newer generational and baby boom (born 1946-1964) thinkers who would prefer the small town life style. The idea of the big fish in the small town appeals to them.

Она ответила, что для нее это важно: «Особенно для моих родителей, которые хотят внуков. Кстати, у вас есть на примете хорошие парни?» Я пообещал ей, что буду «присматривать» кого-нибудь для нее.

Интервью с Мэри было открытым и дружелюбным. Я пожелал ей удачи в будущей карьере, и мы расстались. Меня по-настоящему впечатлила ее преданность и сосредоточенность на своей цели. Я видел такую же целеустремленность и у других молодых людей, с которыми разговаривал за границей. У американцев так много общего со своими зарубежными соседями. Я не мог не подумать о том, как важно молодым людям из разных стран знакомиться друг с другом. Сегодняшняя молодежь – это те, кто будет принимать решения завтра. Они также наша гарантия прочного мира, по мере того как развивается взаимопонимание между различными культурами во всем мире.

Социологический комментарий

Есть такая американская поговорка «Что бы вы выбрали – быть маленькой рыбкой в большом пруду или большой рыбой в маленьком?» Честно сказать, Мэри могла бы остаться в своем маленьком городке в штате Висконсин и работать репортером в небольшой местной газете. Буквально стать большой рыбой в маленьком городе. Более того, среди молодежи и бэби-бумеров (тех, кто родился с 1946 по 1964 гг.) много тех, кто выбрал бы жизнь в небольшом городке. Их привлекает перспектива стать большой рыбой в маленьком городе.

However, in Mary's case, she went to look for the larger pond. Of course the fallacy in the statement is that one is to remain a small fish in the big pond. People, who are driven like Mary, believe that if they are patient and do a good job, they can actually become the big fish in the big pond. By going to New York, Mary increases her chances of having that happen. I believe this reflects on the optimistic feeling that many Americans believe that success is related to your drive and your willingness to stay on course with your dream.

Having said this, I would also mention that there is great concern for the newer generations who are considered by many to be an enabled generation. Because of their parent's success, many young children have grown up with the benefits of what their parent's hard work hath provided for the family. They sometimes have the attitude of, "I can be successful because I deserve it. Everyone else has it, so why not me?" The working to achieve the goal seems to be omitted from the equation. Many times this represents a continuous argument between the older and new generations. Of course this is not the case of Mary, who understands in order to be successful in the big city; she needs to "pay her dues." (Engage in hard work to earn her place.)

Another piece of information which we gain from the interview is Mary's notion to delay marriage and child bearing. In the 1970's, American women usually had their first baby at age 21. Today, this figure is close to 26 years. This is in spite of the fact that among lower classes, younger first births and larger numbers of children seem to be the norm. Moreover, there is serious concern about young children, some as early as 13 years old, getting pregnant.

Но в случае с Мэри, она отправилась на поиски большого пруда. Конечно, противоречие высказывания в том, что она будет вынуждена оставаться маленькой рыбкой в большом пруду. Люди, которые так устремлены к своей цели, как Мэри, верят в то, что если они наберутся терпения и будут хорошо делать свое дело, то они станут большой рыбой в большом пруду. Переехав в Нью Йорк, Мэри увеличила свои шансы на успех. Думаю, что это говорит об оптимизме американцев, которые считают, что успех связан с энергией, напором и преданностью мечте.

Следует также отметить, что существует озабоченность относительно молодого поколения, которое многими считается поколением «все включено». Их родители достигли успеха, и дети выросли в комфорте, заработанном тяжелым трудом. Иногда их характеризует такое отношение: «Я могу добиться всего, потому что я этого достоин. У всех все есть, а чем же я хуже?» Из этого уравнения выпускается такая составляющая, как упорный труд. Часто это выливается в длительное противостояние между поколением отцов и детей. Конечно же, к Мэри это не относится, которая понимает, что добиться успеха в большом городе, значит «сделать свой взнос» (то есть заработать свое место под солнцем упорным трудом).

Еще один вывод, который мы делаем из разговора с Мэри, – она откладывает замужество и рождение детей на потом. В 1970-е годы американки обычно рожали своих первенцев в возрасте 21 год. Сегодня этот возраст отодвинулся к 26 годам. И это происходит, несмотря на тот факт, что в менее обеспеченных слоях общества нормой является более раннее появление первенцев и большее количество детей в семье. Более того, существует серьезная озабоченность относительно девочек, беременность у которых наступает в возрасте 13 лет.

Regardless of these numbers, the trend, particularly among the upper classes, is to delay child rearing and even marriage. There is also an increase in childless couples. Part of this situation is due to the increase of women in the workplace and the many opportunities for them which were not an option in the past. The old notion from the 1970's of women taking care of the house and raising children has subsided and the idea of both partners having a career and contributing economically is the current standard amongst the middle classes. Feminist politics is strong in America and the future shows promise to have greater representation for women in business, as well as government. I believe this is why Mary shows such determination to be successful in her New York pond.

И все-таки, несмотря на эти цифры, общая тенденция, особенно среди обеспеченных слоев населения, – откладывать рождение детей и вступление в брак. Наблюдается также рост числа бездетных пар. Отчасти это объясняется увеличением числа работающих женщин и открывающимися для них перспективами, которые были невозможны в недавнем прошлом. Устаревшее мнение, бытовавшее в 1970-е, что жена должна заботиться о доме и воспитывать детей, у представителей среднего класса все чаще уступает место идее о том, что оба родителя должны работать и вносить свой вклад в экономическую стабильность семьи. Мощное движение феминисток – залог того, что в будущем женщины будут более широко представлены в бизнесе и правительственных органах. Думаю, что именно поэтому Мэри так последовательно добивается успеха в пруду под названием Нью Йорк.

Chapter 5. An Appointment with Sam Weber

Setting the Scene

Sam Weber is a doctor practicing in the city of Baltimore for fifteen years. He is what is known as a general practitioner and thus sees patients with a variety of problems. If he cannot solve their problem initially, he often sends them for additional tests before he can make a diagnosis. Also, some medical concerns may be beyond the scope of his training and in those cases he refers the patient to a specialist. (Doctors who have special training in one aspect of medicine) Dr. Weber has a lucrative practice which includes two additional partners. Their office hours are five days per week with a half day on Saturday. The partners divide the Saturdays so that each only works one Saturday every third week. Dr. Weber makes about 250-300 thousand dollars per year. From an American perspective, he is considered rich. In addition to his salary from the practice, he also has investments in real estate and the stock market. He currently owns the building that serves as doctor offices for the practice and rents the building to the practice. The practice is considered a corporation (legal person) for tax purposes; therefore, he can legally accept rent from the practice. He came up with this scenario on advice from his accountant. Basically, it is a legal way to rent to himself and save on his income taxes.

Глава 5. Встреча с Сэмом Вебером

Определение ситуации

Сэм Вэбер – доктор, практикующий в городе Балтиморе уже в течении 15 лет. По специальности он терапевт, и к нему приходят пациенты с различными заболеваниями. Если он не может сразу поставить диагноз, то он посылает их сдать дополнительные анализы. Иногда проблемы пациентов находятся вне зоны его профессиональной компетенции, и он посылает их на консультации к специалистам (врачам, получившим дополнительное образование в какой-либо узкой сфере). У доктора Вэбера доходная практика, он работает совместно с двумя другими партнерами. Они ведут прием пять дней в неделю и полдня в субботу. Партнеры чередуются по субботам, так что каждому приходится работать только каждую третью субботу. Доктор Вэбер зарабатывает примерно 250-300 000 долларов в год. Для Америки он считается богатым человеком. Плюс к своему заработку от медицинской практики, у него есть капиталовложения в недвижимость и фондовый рынок. В настоящий момент он является владельцем здания, в котором расположен их офис, и сдает это помещение под свою же медицинскую практику. Практикующие врачи считаются корпорацией (юридическим лицом), подпадающим под налогообложение, что дает Вэберу законное право получать арендную плату от сдаваемых под свою же медицинскую практику помещений. Такой бизнес-ход ему посоветовал его бухгалтер. Это – законный способ сдавать помещение самому себе и экономить на подоходном налоге.

This is one of the many nuances of corporate law and the reason why many attorneys and accountants have rich clients.

Many years ago he purchased an apartment building in San Diego with his brother. Over the years it has provided a lucrative income for both of them. Since Dr. Weber's brother is in California, the management of the property is his responsibility. As a result, the doctor's brother receives a salary from the business

in addition to his equal share of the net profits. Dr. Weber does not spend his money freely and is somewhat careful in what he buys. However, he does believe that money is to be enjoyed. Thus, he invests in vacations (Italy and England); nice cars (drives a Mercedes); and tries to buy the best for the family. He is generous with friends and family.

Dr. Weber and his wife live with their two children, Shaun who is twenty and Megan who is seventeen. They live in a modern single family home, in an upper class neighborhood, with six bedrooms. In addition, the house has a full kitchen and dining room, an office, a sitting room, an outside enclosed patio, a finished basement used as a theater room and for other recreation, and six bathrooms, one is on the lower level adjacent to the theater room, one in the master bedroom, one next to the kitchen and three to service the remaining bedrooms. The house also has a two-car garage and is on three acres of land which is maintained by a lawn service.

Это один из нюансов корпоративного права и объяснение того факта, почему у многих бухгалтеров и юристов богатые клиенты.

Много лет назад вместе со своим братом он купил в Сан Диего многоквартирный дом. За годы он принес значительный доход им обоим. Поскольку брат доктора Вэбера живет в Калифорнии, то на нем лежит управление собственностью. В следствии чего брат доктора, помимо равной доли прибыли от общего бизнеса, получает еще и зарплату управляющего. Доктор Вэбер не бросает деньги на ветер, но тщательно продумывает свои покупки. Тем не менее он считает, что деньги должны доставлять удовольствие. Поэтому он их тратит на отдых (в Италии и Великобритании), на хорошие машины (он водит «Мерседес») и старается покупать все самое лучшее для своей семьи. Он щедр с друзьями и близкими.

Доктор Вэбер и его жена живут со своими детьми. Шону двадцать лет, Меган – семнадцать. Их современный дом с шестью спальнями рассчитан на одну семью, расположен в престижном районе. В доме есть полностью оборудованная кухня, столовая, гостиная, рабочий кабинет. К дому пристроена веранда (патио), в подвале оборудован кинотеатр и место для отдыха. В доме шесть ванных комнат с туалетами: одна – в подвале рядом с кинотеатром, другая – в супружеской спальне, следующая – рядом с кухней, другие три обслуживают остальные спальни. Дом расположен на трех акрах земли [1,2 га – *примечание переводчика*], которую содержит в порядке служба ухода за лужайками. В доме есть гараж на две машины.

Dr. Weber admits that raising children can be a real challenge. "I am amazed at the different personalities they have, even taking into account that they were raised the same in every way." What Sam Weber is referring to is the differences in his two children. Shaun, in his mind, has never been a problem. He received good grades in school and knew from an early age he wanted to "follow in his father's footsteps" and become a doctor. "He was never really a bit of trouble. Now, he is doing well at the university and I couldn't be more proud of that boy."

His daughter, on the other hand, has been a real challenge. A rebellious child, she is constantly doing battle with her parents in her need to have her own way. Intent on fitting in with the crowd her age, she has had a number of encounters with her parents recently on such topics as body piercing, tattoos, curfews which were unfair, and who she can date. Her theory is that she is a grown-up and can make her own decisions. The latest dilemma involves a young man working at the "country club" [An exclusive club for members only, MB] in the kitchen. Apparently, Megan had shown more than "a passing interest" [a hand wave of acknowledgement, MB] in the lad. After much forbidding and arguing, Dr. Weber confronted the young man and reminded him of his daughter's age. After she continued to see him, Dr. Weber went to the club management and had the young man fired from his job. Currently, Megan is not talking to her father.

Dr. Weber's favorite sport is golf. When the weather is good in Baltimore, he plays at the club every week. He and his family have been members of the country club for ten years. Some may argue that membership is expensive and extravagant.

Доктор Вэбер признает, что воспитывать детей нелегко: «Я не перестаю удивляться, тому, насколько они разные, даже если принять во внимание факт воспитания в одной семье». Сэм Вэбер говорит о различиях в характере своих детей. С Шоном нет никаких проблем. Он хорошо учился и с раннего детства знал, что пойдет по стопам отца и станет врачом. - «Он никогда не огорчал меня». Сейчас он хорошо учится в университете, и я по праву горжусь своим сыном».

А вот дочь, с другой стороны, доставляет много хлопот. Она всегда была бунтаркой и постоянно сражается с родителями за то, чтобы делать все по-своему. Преследуя цель вписаться в среду своих ровесников, она постоянно ссорится с родителями по поводу пирсинга, татуировок, требований возвращаться домой к определенному времени и с кем ей ходить на свидания. По ее теории она уже выросла и может принимать решения сама. Самая недавняя проблема связана с молодым человеком, который работает на кухне в загородном клубе [клуб – заведение, для пользования которым необходимо членство, - М.Б.]. Похоже, что у Меган к молодому человеку больше чем просто мимолетный интерес. После ссор и запрещений доктор Вэбер встретился с молодым человеком и напомнил ему о возрасте Меган. Молодые люди продолжали встречаться, и тогда доктор Вэбер обратился к руководству клуба и потребовал, чтобы юношу уволили с работы. В настоящее время Меган не разговаривает с отцом.

Любимый вид спорта доктора Вэбера – гольф. Когда в Балтиморе хорошая погода, он играет в гольф-клубе каждую неделю. Он и члены его семьи состоят в этом клубе уже десять лет. Некоторым может показаться, что такое членство дорого и довольно экстравагантно.

The average annual cost for dues at the club runs about $6,245, which is about $520 per month. Dr. Weber explains that it is well worth it considering the amount of golf he and his wife play and the fact that the club offers a restaurant as an alternative for eating out in the city. "We eat at the club two or three times per week."

In the wintertime, he plans travel to places with more mild temperatures that support year round golf courses. He and his wife will also travel internationally in order to play golf. Last year he went to Scotland and played at the famous Royal and Ancient Golf Club of St. Andrews. This is known in the golfing world as the first golf course and it is a pilgrimage that many who can afford it, dream of doing. For Sam Weber, it was important to play there because it shows a commitment to the sport. There is also a photo of him and his wife on the greens (golf playing field) which he proudly displays in his office.

The Weber's are also active in their church and contribute to activities both financially and by participation. Dr. Weber's wife Sally does not work, but does spend considerable time doing volunteer work with the American Red Cross and its blood drives. They are well known throughout the community as kind caring people.

Ежегодные взносы в клуб составляют приблизительно 6 245 долларов, примерно 520 долларов в месяц. Доктор Вэбер считает, что эти расходы оправданы по сравнению с тем, сколько времени он и его жена проводят за игрой в гольф, вдобавок, вместо того, чтобы обедать где-то в городе, они пользуются рестораном при клубе. - «Мы обедаем в клубе два-три раза в неделю».

В зимнее время он планирует путешествия в места с более высокой температурой, где действуют круглогодичные гольф-клубы. Он и его жена ездят играть в гольф и в другие страны. В прошлом году он ездил в Шотландию и играл в знаменитом старинном королевском гольф-клубе Святого Андрея. В мире игроков в гольф – это самое главное поле для гольфа, к которому мечтают совершить паломничество те, кто может себе это позволить. Играть там для Сэма Вэбера важно, потому что это демонстрация его преданности любимому виду спорта. В офисе доктора с гордостью выставлена фотография, на которой он с супругой запечатлен на знаменитом поле.

Вэберы – активные прихожане своей церкви, они и участвуют в делах церкви лично, и поддерживают эту деятельность пожертвованиями. Жена доктора Сэлли не работает, но много времени уделяет волонтерской работе по донорству крови в американском обществе «Красный крест». Их хорошо знают в общине как добрых и заботливых людей.

Dr. Weber's Story

My appointment to interview Dr. Weber and his wife was on a Thursday evening in the summertime. As I drove to the interview, I noted that they live in one of the finer neighborhoods of Baltimore and I was very impressed with the houses and their immaculate yards. Each house looked nicer than the next. My immediate impression was that I had entered a wealthy area. The houses were also adjacent to a large golf course which was part of the local country club. The annual fee to belong to the country club was beyond my price range as a college professor; however, if anyone would give me an invitation to visit, I was willing to go.

I was greeted warmly by Dr. Weber and his wife and invited to the sitting room where the interview was to take place. I remember that I complimented them on their lovely home and neighborhood. I also made conversation about the photos of family and golf on the wall. They in turn gave me the history of their photographic memorabilia as we sipped tea and coffee and enjoyed some fine baked goods. I then filled them in on the purpose of my interview and fielded some questions in that regard. After some additional "small talk" (a term used to cause the parties to relax before addressing the business to be conducted,) we got down to the interview.

My first question was, "Why are there so many rich Americans?" Their response was both immediate and reactive. "Why does everyone always assume that doctors are rich?" The Weber's explained that it is very expensive to run a practice.

История доктора Вэбера

Моя встреча с доктором Вэбером и его женой была назначена на летний вечер четверга. Когда я ехал на встречу, то заметил, что они живут в одном из лучших районов Балтимора, и на меня произвели большое впечатление дома и безупречно ухоженные дворы при них. Каждый следующий дом выглядел лучше предыдущего. Сразу сложилось впечатление, что я заехал в богатый район. Дома также прилегали к большому полю для гольфа, который был частью местного клуба. Ежегодный взнос за членство в клубе превышал мои возможности профессора университета, однако, если бы мне подарили приглашение, то я бы с удовольствием им воспользовался.

Доктор Вэбер с женой тепло поприветствовали меня и пригласили в гостиную, где должен был состояться наш разговор. Я помню, что похвалил их прекрасный дом и район, в котором он находился. Я также завел разговор о семейных фотографиях и фото игры в гольф, развешенных на стене. Они, в свою очередь, рассказали мне о фотографиях, сделанных на память. Мы пили кофе и чай с вкусной выпечкой, и я рассказал им о цели своего визита, задал несколько наводящих вопросов. После еще нескольких минут непринужденной беседы (такие разговоры на общие темы полезны перед тем, как приступить к цели визита) мы начали интервью.

На первый вопрос, почему так много богатых американцев, они оба отреагировали немедленно: «Почему все всегда думают, что доктора богаты?» Вэберы объяснили, что содержать медицинскую практику очень дорого.

Staff needs to be paid, facilities and medical equipment is very costly and one needs to take out a bank loan in order to have the tools of the trade installed in your office. Insurance and a barrage of regulations are costly and time consuming. The government taxes nearly everything and they give very little service for the revenue they receive. Personal liability insurance for the practice and the doctors is very high. "It looks like we make a lot of money, but in truth, much of it is paid to the expense of running things. I would not say that I am not successful, I believe we do alright. But, rich, no I wouldn't classify us as rich." "But to an outsider," I queried, "you do appear to be rich. So, in your estimation, what constitutes rich?" Dr. Weber replied that a rich person has enough money so that they can buy anything they want at any time. "We on the other hand, have to maintain a budget. I am thankful for my wife Sally because she is an expert on 'keeping the books balanced' (good financial practices) and this allows us to have resources to enjoy life's amenities."

He also commented that many people assumed he was rich due to the size of his house. As mentioned earlier, the Weber's house has six bedrooms, an office, large living room, family room, theater room, dining room, large eat-in kitchen. In addition, they have a large recreation room and two-car garage. Dr. Weber commented that you need to have six bedrooms.

Нужно платить зарплату сотрудникам, помещение и медицинское оборудование стоят очень дорого, для обеспечения медицинской практики всем необходимым инструментарием приходится брать займы в банках. Страхование и необходимость соблюдать огромное количество правил являются дорогостоящими и трудоемкими. Правительство обкладывает налогами буквально каждый шаг и в то же время предоставляет очень мало услуг на те доходы, которые оно извлекает. Страхование гражданской ответственности для практики и врачей обходится очень дорого. – «Вроде бы мы зарабатываем большие деньги, но на самом деле, большая часть полученных доходов уходит на то, чтобы все работало. Я не скажу, что я не получаю прибыли, дела у нас идут неплохо. Но богатыми я бы нас не назвал». Я сказал: «Если посмотреть со стороны, то кажется, что вы богаты. А что, по–вашему мнению, значит богатый?» Доктор Вэбер сказал, что у богатого столько денег, что в любой момент он может позволить себе купить все, что ему заблагорассудится. – «А вот нам нужно тщательно планировать бюджет. Я благодарен своей жене Сэлли, которая стала специалистом по бухгалтерскому учету и следит за тем, чтобы наши расходы не превышали наших доходов, что и дает нам возможность иметь ресурсы и наслаждаться радостями жизни».

Доктор также сказал, что многие считают его богатым, судя по размерам его дома. Как уже говорилось раньше, в доме Вэберов шесть спален, кабинет, просторная гостиная, семейная комната, кинотеатр, столовая, большая кухня, в которой можно обедать. Вдобавок у них есть большая комната для занятий спортом и гараж на две машины. Доктор Вэбер объяснил, для чего им нужно шесть спален.

Thus, he reasoned that he needed one for his wife and himself, one each for the children. "You can't have your son and daughter sleeping in the same room," he commented. The fourth bedroom was a snoring room. Dr. Weber retreated there when his wife would eject him from the shared bedroom because of his snoring. The other two rooms were for guests and family. According to Dr. Weber, six is a perfectly logical number. He also commented that having a theater room actually saves them money. The price for a theater ticket in America is about ten dollars. "Over the years I will save quite a lot," Weber stated.

I then asked the second question related to television viewing. According to Dr. Weber and his wife, they really enjoy the shows with singing and dancing competitions. Shows like America's Got Talent, The Voice, Dancing with the Stars and American Idol are watched quite regularly at the house. Dr. Weber also enjoys watching sports with Shaun. During football season, they are devoted Ravens football fans [City of Baltimore team, MB]. He noted that, "this is what the theater room is for." That big screen television is like actually being at the +game. Megan rarely watches television and seems to be more connected with her social media network. She has a lot of friends and is constantly texting. "I think she is too busy with her friends to watch television," Sally Weber commented.

I then asked another question regarding what Americans think of Russians. Sally Weber admitted not knowing very much. On the other hand, Dr. Weber explained he knew quite a lot about Russians.

Во-первых, нужна спальня для него с женой, по одной – для детей: «Не могут же сын и дочь спать в одной комнате!». Четвертая спальня – для тех, кто храпит. Доктор Вэбер пользуется ею, когда жена выпроваживает его из их общей спальни из-за того, что он храпит. Другими двумя спальнями пользуются гости и родственники. Согласно логике доктора Вэбера – шесть совершенно оправданное число. Он также заметил, что домашний кинотеатр экономит им деньги. Билет в американский кинотеатр стоит около 10 долларов. «В дальнейшем это приведет к значительной экономии» – заявил Вэбер.

Затем я задал следующий вопрос, связанный с просмотром телепередач. По словам доктора Вэбера и его жены, им очень нравятся шоу творческих конкурсов, где поют и танцуют. В их доме регулярно смотрят такие программы, как «В Америке есть таланты», «Голос», «Танцы со звездами» и «Американский идол». Доктору Вэберу и его сыну Шону также нравится смотреть спортивные передачи. Во время футбольного сезона, они преданно болеют за «Рейвен» [команду города Балтимора – М.Б.]. Он сказал: «Вот для чего предназначен домашний кинотеатр». Большой экран дает иллюзию присутствия на стадионе. Меган смотрит телевизор редко и много общается с друзьями в социальных сетях. У нее много друзей и она постоянно рассылает им СМСки. «Я думаю, что она очень занята своими друзьями и ей некогда смотреть телевизор», - заметила Сэлли Вэбер.

Я задал еще один вопрос по поводу того, что американцы думают о русских. Сэлли Вэбер призналась, что она ничего по этому поводу не знает. С другой стороны, доктор Вэбер объяснил, что о русских он знает довольно много.

Apparently, his high school class took a trip to the former Soviet Union and visited Moscow for five days. Although somewhat sheltered during the trip, they were allowed to explore Red Square, and some of the museums, but for the most part they were escorted by guides. "They seemed like nice enough people. I like to think that I get along with everyone and these guides were no exception. Of course we were young, so they provided us with advice that kept us out of mischief. I also acknowledge the work of the great Russian doctors in contributing to medicine."

Apparently, in medical school, Dr. Weber was familiar with the work of Gavrila Abramovich Ilizarov and what he did with devices that support orthopedic healing. He also noted the work of Sergey Petrovich Botkin, whose work in triage, pathological anatomy and post mortem diagnostics took medicine many steps forward. "I have nothing against the Russian people," Dr. Weber commented, "I just wish their leaders were not so war like." At the time, he was probably referring to events in the Ukraine and the information that he was provided while watching and listening to American news media. My role as an interviewer was to gather information and report. Thus, I did not respond to his notions or ideas.

I then asked what he would see as possible future goals for him and the family. He explained that financial independence would be good. "I would like to retire and have enough money to do whatever I like without a worry

По-видимому, в старших классах средней школы у них была поездка в бывший Советский Союз, и они пять дней провели в Москве. Хотя особой свободы во время поездки у них не было, им разрешили погулять по Красной площади и посетить некоторые музеи, но большую часть времени их сопровождали гиды. – «Они казались довольно милыми людьми. Мне нравится думать, что я могу найти общий язык с кем угодно, и эти гиды не были исключением. Конечно же, мы были молоды, поэтому они давали такие советы, которые помогали нам избегать неприятностей. Я также отдаю должное работе великих русских врачей и их вкладу в медицину».

Видимо, еще будучи студентом-медиком, доктор Вэбер познакомился с трудами Гавриила Аврамовича Илизарова и с его аппаратами, способствующими заживлению переломов. Он также отметил Сергея Петровича Боткина, чьи работы по определению приоритетов оказания помощи больным, патологической анатомии и постмортемной диагностике продвинули медицину на много шагов вперед. «Я не имею ничего против русского народа, - прокомментировал доктор Вэбер, - я бы только хотел, чтобы их руководители были не такими воинственными». Во время нашего разговора он, скорее всего, имел в виду события на Украине и ту информацию, которую он получал из американских СМИ. Моя роль как интервьюера сводилась к сбору информации и ее фиксации. Поэтому я никак не отвечал на его мнения или высказывания.

Затем я спросил его, каким он видит будущее для себя и своей семьи. Он объяснил, что хорошо бы достичь финансовой независимости. – «Я бы хотел уйти на пенсию и иметь достаточно средств, чтобы делать то, что я хочу, ни о чем не беспокоясь.

I also would like to give back to the community for all that we have been blessed to receive. Perhaps I would volunteer at a free clinic or something."

I then asked that assuming you had this financial independence, what would be your one wish or dream. "Oh that's easy," Dr. Weber stated, "I'd play golf." Dr. Weber would like to get better at his favorite game. He sees himself travelling on the amateur circuit and playing at all the finest courses around the world. "That would really be something," he surmised.

I thanked Dr. and Mrs. Weber for their willingness to share their knowledge and thoughts in helping with this research. As I exited the driveway and headed back to Frederick, I could not help but think about the variations of how different people live. In many ways, your class defines your lifestyle. Finding what typical Americans think may not be so easy after all.

Sociological Commentary

Clearly, Dr. Weber is a member of the upper class. For statistical purposes, those that make an income of $300,000 or more are in this category and they comprise about 5 percent of the American population. Generally, measures of class are based on income, prestige, type of work involved, and education. The upper class even have different terminology in describing things. This way of acting and speaking separates them from the rest of the citizenry. For example, upper class people generally don't use the term job.

Я бы также хотел вернуть обществу все, чем оно нас так щедро благословило. Может быть, я буду работать волонтером в бесплатной клинике или что-нибудь в этом роде».

Еще я спросил, если бы они достигли материальной независимости, какую бы единственную мечту они хотели осуществить. «О, это легко, – начал доктор Вэбер, – я бы играл в гольф». Доктор Вэбер хотел бы достичь совершенства в своей любимой игре. Он видит себя игроком-любителем, путешествующим от одного прославленного поля для гольфа к другому. «Вот это была бы жизнь!» - подвел он итог.

Я поблагодарил доктора и миссис Вэбер за их желание поделиться своими мыслями и помочь мне в исследовании. Отъезжая от дома и направляясь назад в Фредрик, я не мог не думать о том, как по-разному живут люди. Так или иначе, но принадлежность к определенному социальному слою определяет образ жизни. Узнать, что же думают типичные американцы, в конце концов не так-то легко.

Социологический комментарий

Совершенно ясно, что доктор Вэбер принадлежит к высшему слою среднего класса. ПО статистике в эту категорию попадают те, чей доход превышает 300 000 долларов в год, и они составляют около пяти процентов населения США. Принадлежность к социальному слою обычно измеряется доходом, престижем, работой, которою люди выполняют, и их образованием. Те, кто принадлежит к высшему слою, даже говорят иначе. Поведение и речь выделяет их среди остальных граждан. Например, принадлежащие к высшему слою редко используют слово «работа».

Instead they might use the term, "my profession" or "my career". Often they talk about their investments, not about their salaries or how much money their job pays.

In upper class circles, when a rare event occurs such as money that is mysteriously missing, it is called embezzlement, not theft. Where the general population would go to jail for stealing, most corporate theft is called misappropriation of funds. The sentences are much lighter than the general populace. In some cases, the paying of restitution to the grieved party would solve the problem. I still have not figured out the difference between tax fraud and evasion of taxes. The term fraud always sounds harsh and confrontational, while evasion sounds like a minor misappropriation which seems akin to a mistake.

How you come into your wealth also can determine how you are perceived. Individuals, who inherit their wealth (acquired status,) are often accused of not being able to make it on their own. Whereas people who have started from modest beginnings and through their own efforts managed to accumulate their wealth (achieved status) seem to be regarded more highly by the general public. In fairness, I would say that many who have inherited their wealth have increased their wealth substantially through their own efforts. Many non-upper class people can become humble and somewhat intimidated by wealthy people. The feeling is, "if they are rich, they must know something that I don't."

Вместо этого они могут сказать «моя специальность» или «карьера». Они зачастую говорят о капиталовложениях, а не о зарплатах или о том, сколько им платят на работе.

В высших кругах, когда каким-то таинственным путем пропадают деньги, то говорят не о воровстве, а о хищении. Если обычный человек попадает в тюрьму за воровство, то в случае корпоративной кражи речь идет о незаконном присвоение денежных средств, а выносимые приговоры обычно гораздо мягче. В некоторых случаях выплата компенсаций потерпевшей стороне решает все проблемы. Я до сих пор не уяснил для себя разницу между налоговым мошенничеством и уклонением от налогов. Термин «мошенничество» всегда звучит резко, с этим явлением нужно бороться, а «уклонение» звучит как незначительное незаконное присвоение, которое кажется вполне сродни ошибке.

Способ, которым было достигнуто ваше благосостояние, также влияет на то, как к вам относятся. Людей, которые наследуют свое состояние (приобретенный статус), часто обвиняют в том, что сами они его не заработали бы. А те, кто начали более чем скромно, но своим трудом смогли собрать свое богатство (достигнутый статус), пользуются большим уважением среди людей. Если говорить честно, то многие из тех, кто получили состояние по наследству, значительно увеличили его своими трудами. Многие люди, не принадлежащие к высшим слоям общества, робеют и смущаются в присутствии людей состоятельных. Создается ощущение, «если они богаты, значит они должны знать, что-то, чего я не знаю».

In many ways your class defines you. For example, who you will be friends with or who you marry. Dr. Weber's children harvest their friends from the club, the private schools they have attended, and the upper class associations of their daily lives. It is unlikely that they would marry beneath their class. Unless, of course, if Megan would have continued her fling with the lad at the country club. Moreover, the friendships they have garnered thus far in their lives are all representatives of similar upbringing. The Weber's wealth offers them opportunities for world travel and mobility. This is in contrast with someone like Tomas whose existence is centered on a very small part of America. Finally, many upper class people are politically savvy and have the ability to influence decision making. In the case of Dr. Weber, his periodic donations to certain politicians means that he has friends in the government who will personally listen to any issues he may be concerned about. Sometimes this helps us "grease the wheels" (get things moving again) when a government agency gets mired in their own bureaucracy. This influence also can be seen in businesses that the wealthy associate with and organizations vying for the wealthy individual's support. In the case of the country club, Dr. Weber's dissatisfaction with the young man pursuing his daughter was responded to without any hesitation on the part of the club administration.

Во многом классовая принадлежность вас и определяет: например, с кем вы будете дружить или с кем вступите в брак. Дети доктора Вебера находят себе друзей из клуба, частных школ, в которых учились, с теми представителями высшего слоя общества, с кем встречались в своей повседневной жизни. Маловероятно, что у них будут супруги из более низкого слоя. Если, конечно, Меган не станет продолжать свой роман с парнем из загородного клуба. Более того, все друзья из их круга имеют более-менее сходное воспитание. Богатство Вебера дает им возможность путешествовать по всему миру и быть мобильными. Это совсем не похоже на жизнь, скажем, Томаса, чье существование сосредоточено в очень маленькой части Америки. Наконец, многие люди высшего класса политически подкованы и имеют возможность влиять на принятие решений. В случае д-ра Вебера, его периодические пожертвования отдельным политикам означает, что у него есть друзья в правительстве, которые будут лично его выслушивать, какие бы вопросы его ни волновали. Иногда это помогает «смазать колеса» (сдвинуть дело с мертвой точки), когда вопрос застревает в бюрократической машине государственного учреждения. Это влияние можно также увидеть в бизнесе, который ведут богатые, и в работе организаций, оказывающих индивидуальную поддержку богатым предпринимателям. В случае недовольства доктора Вебера молодым человеком, который начал ухаживать за его дочерью, администрация загородного клуба без колебаний приняла сторону доктора.

Finally, there is a misnomer [misconception, MB] that wealthy people have made their fortunes at the expense of others. I have generally found this not to be the fact. Most wealthy people in American are fairly easy to talk to and generally have a sense of thankfulness for what they have acquired. The Weber's can always be relied on if there is a need in the community.

И последнее. Существует заблуждение, что богатые люди сделали свои состояния за счет других. Я обнаружил, что как правило, это не соответствует фактам. С большинством состоятельных людей в Америке довольно легко общаться, и у них обычно есть чувство благодарности за то, что они приобрели. На семью Вэберов всегда можно положиться, если в их сообществе есть какие-то нужды.

Chapter 6. A Conversation with the New Millennials

Setting the Scene

As I researched the task of identifying American thinking and being, it occurred to me that I was not really familiar with the thinking of our newest generation. Known as new millennials, this category encompasses a timeline of people recently born; to those who are currently graduating from American colleges. I felt they needed to be represented and I tried to decide on the best method to get their opinions. It made no sense to interview them in their classrooms, because our classroom answers and behavior are different then when we are relaxed and with our friends. Ultimately I met with five students in the school bistro.

The University I chose was Mt. Saint Mary's College, a small University with Roman Catholic religious affiliation. It was established in 1808 and is one of the oldest private, coed colleges in the United States. They offer both undergraduate and graduate curriculum. Currently they serve 2300 students on their main campus. They offer 30 different majors and have 108 full time faculty. They are noted for their business school and for teacher education. They also attract a very diverse student population which is why I choose "The Mount" (nickname for the university) for my investigation. I interviewed all five students simultaneously.

Глава 6. Разговор с поколением XXI века

Определение ситуации

Исследуя вопросы американского менталитета и образа жизни, я вдруг подумал, что совершенно не знаком с образом мыслей нашего самого нового поколения. Их называют рожденными в новом тысячелетии; сюда входят люди, недавно родившиеся, включая и тех, кто сегодня заканчивает американские колледжи. Я подумал, что и их нужно представить, и стал размышлять о том, какой метод лучше использовать, чтобы узнать их мнение. Не было смысла брать у них интервью в аудиториях и классных комнатах, потому что в этих условиях мы говорим не то и ведем себя совсем не так, как в компании друзей, в непринужденной обстановке. В конце концов я встретился с пятью студентами в бистро колледжа.

Мой выбор пал на Университет имени Горы Святой Марии, небольшой университет, традиционно связанный с Римской католической церковью. Он был основан в 1808 г. и является одним из старейших частных образовательных учреждений для юношей и девушек в США. Он предлагает бакалаврские и магистерские программы. На сегодняшний день здесь обучается 2300 студентов. Университет предлагает программы по 30 специальностям, где 108 профессоров и преподавателей работают на полную ставку. Университет славится своей бизнес школой и педагогическим образованием. Университет притягивает разнообразное студенческое население – вот поэтому я выбрал «Гору» (прозвище, которое дали университету) для своих исследований. Я проводил интервью одновременно с пятью студентами.

The first student was Krista. She is a local girl from the nearby community. She chose the "The Mount" because it was near her home and she wanted to be close to her mother and dad. Even though she lives in the dormitory, she is just a twenty minute drive from home. She has lived in the city of Thurmont, a small town in a very rural setting, all of her life. Although her father is a businessman, most of the people around her are blue collar (labor and trades people) or agricultural workers. As an only child, her father taught her a lot about physical work and how to repair things. In America we say, that she was a bit of a "Tom Boy growing up." [A girl who possesses mechanical abilities usually attributed to boys, MB]. In her conversation, she followed up by mentioning that she was a bit of a "Red Neck." [This is a term that is derived from those that till the soil. Farmers who work in the field often have sunburned necks. Thus, the term refers to one who is lower class and not very worldly, M.B.]. Of course in her situation, it was a joke. One of the reasons that she was able to attend the University is that she is on a full academic scholarship due to her outstanding grades in high school. A defining moment in Krista's life occurred at age sixteen. Apparently her best friend, who was also sixteen at the time, committed suicide. She claims that, "It taught me how to better handle things in my life. I believe that life is precious and you should enjoy it and stay healthy. This is what I live by."

Первой была студентка по имени Криста. Она местная девушка, живет неподалеку. Криста выбрала «Гору», потому что он расположен недалеко от ее дома: она хотела быть поближе к отцу и матери. Несмотря на то, что она живет в общежитии, от дома ее отделяют всего двадцать минут на машине. Всю свою жизнь она прожила в Турмонте, небольшом аграрном городке. Ее отец – бизнесмен, но большинство людей в ее окружении – голубые воротнички (рабочий и торговый люд) или сельхозработники. Она единственный ребенок в семье, и отец научил ее заниматься физическим трудом и ремонтировать вещи. В Америке мы говорим, что она росла как Том-бой [это девочки, которые имеют навыки, больше присущие мальчикам – М.Б.]. В разговоре она также упомянула, что в определенной мере она выходец из самых простых людей – «реднеков»[2] [термин, обозначающий людей, обрабатывающих землю. У фермеров, которые трудятся на полях, часто сильно загорает шея. Слово обозначает людей низкого социального слоя, которые мало знакомы с жизнью в обществе – М.Б.]. Конечно, в ее ситуации это было шуткой. Одна из причин, по которым она может обучаться в университете, – это стипендия, полностью оплачивающая ее учебу, заработанная высокими оценками в школе. Решающее событие произошло в жизни Кристы, когда ей было 16 лет. Ее близкая подруга, которой тоже было 16 лет, покончила жизнь самоубийством. «Это научило меня правильному отношению к тому, что происходит в моей жизни. Я верю, что жизнь бесценна и нужно ею наслаждаться, быть здоровой. Этим я теперь живу», - говорит она.

---

[2] Дословно – "красные шеи" (прим. переводчика)

Our second student is Saro, and she is from the Washington, D.C. area. She is 19 years old and has a twin brother. She and her twin brother and her 17 year old sister were born in the United States. Her older brother was born in Kenya just after the family fled from Rwanda. The reader may remember that in 1994 Rwanda's Tutsi population endured a great genocide and many fled. Saro's family was part of that emigration and they fled to Kenya before they were able to immigrate to America.

I asked Saro who has made a difference in her life. Without hesitation, she said that she admires her father, his great endurance and that he "carries himself well." (A man of great class and integrity) He also has the ability to be very clear and concise in his comments and communicates very well when he speaks. "He does not offend and everyone likes him," she said. Saro wanted to go to a Catholic university because the family is very religious. She chose Mt. St. Mary's because of its remote location and because of the deep ties to traditional religious values. Also, the business school has an outstanding reputation.

Our third student is Kathy. Born in California, she has two older brothers. One is a lawyer practicing in California. Her grandparents live in California and she has an aunt in Maryland. She came to Mount Saint Mary's College because she was impressed with the university and her aunt was nearby. Also, California is too big and crowded. She wanted a smaller university in a rural setting and felt she could get a better education at "The Mount."

Вторая студентка – Саро, она из Вашингтона, округ Колумбия. Ей 19 лет и у нее есть брат-близнец. Она, брат и их 17-летняя сестра родились в Соединенных Штатах. Ее старший брат родился в Кении сразу после того, как семья убежала из Руанды. Может быть, читатель помнит, что в 1994 году народ Тутси в Руанде подвергся геноциду, и многие бежали из страны. Семья Саро была одной из них, а до того, как им удалось эмигрировать в США, они бежали в Руанду.

Я спросил Саро, кто в ее жизни оказал на нее самое большое влияние. Не колеблясь, она сказала, что восхищается своим отцом, его способностью многое выносить и тем, как «он себя держит» (человек с честью и достоинством). У него также есть способность говорить ясно и коротко, когда он делает замечания или когда общается. – «Он никогда не обижает, и все его любят». Саро хотела учиться в католическом университете, потому что их семья очень религиозна. Она выбрала «Гору святой Марии» из-за уединенности места, где расположен университет, и из-за его глубоких связей с традиционными религиозными ценностями. Кроме того, университетская школа бизнеса имеет замечательную репутацию.

Третья студентка – Кэти. Родилась она в Калифорнии, у нее есть два старших брата. Один из них – практикующий в Калифорнии юрист. Ее дедушка и бабушка тоже живут в Калифорнии, в Мэриленде у нее живет тетя. Она приехала в университет им. Горы Святой Марии, потому что заведение произвело на нее хорошее впечатление, и тетя живет неподалеку. Кроме того, Калифорния слишком большая и густо населена. Она хотела университет поменьше в отдаленном месте; ей показалось, что образование, которое ей даст «Гора», будет лучше.

Even though her family speaks Spanish at home, she has lived in America all of her life and speaks English without a Spanish accent. She tells me that her idol is her dad. She says that he is super smart, polite, and always chooses the right words when he speaks. She thinks that he makes good business decisions which allow the family to live well in peaceful surroundings. Her parents have dual citizenship and have a house in Los Angeles, California. They also have their estate, just outside Managua city, Nicaragua. Her parents are currently living in their estate.

Our fourth student is Kyle. He is a fairly handsome young man and is very appealing to the ladies. Frankly, he takes full advantage of the situation. In America, he would be called a "player or bad boy." (One who attracts a large volume of women, but refuses to commit to any one female.) Women have first priority for Kyle over schooling. He rarely studies; yet, because of his innate intelligence, does very well at the college. He is from a small, upper middle class family and has one younger sister. He always "keeps an eye on her" (watches her) so she won't be taken advantage of by boys like him.   His parents sent him to the University because it is a religious institution, the idea being that religion will turn him from his philandering ways (sexually unfaithful). I believe that their plan has badly backfired. In truth, he is leaving a wake of disappointed college women as he continues his quest to date the entire female population of the university before the end of his senior year.

Дома ее семья говорит по-испански, но она прожила в Америке всю свою жизнь и говорит по-английски без испанского акцента. Она рассказала, что отец для нее – образец для подражания. Она добавила, что он чрезвычайно умен, вежлив, во время разговора всегда выбирает нужные слова. Она считает, что он принимает правильные решения в ведении своего дела, что позволяет семье жить хорошо и спокойно. Ее родители имеют двойное гражданство, в Калифорнии в Лос Анджелесе у них есть дом. У них также есть свое поместье недалеко от города Манагуа в Никарагуа. В данный момент ее родители живут там.

Четвертый студент – Кайл. Он довольно красивый молодой человек и очень нравится девушкам. Честно сказать, он откровенно этим пользуется. В Америке таких называют «игрок или плохой мальчик» - «плей-бой» (мужчина, который привлекает многих женщин, но отказывается вступать с ними в серьезные отношения). Женщин Кайл предпочитает учебе. Занимается он редко, но несмотря на это, благодаря врожденным интеллектуальным способностям, хорошо успевает в университете. Он родился в небольшой семье, принадлежащей к верхней ступени среднего класса, у него есть младшая сестра. Он внимательно следит, чтобы она не связалась с таким парнем, как он сам. Родители отправили его в университет, потому что это религиозное заведение, в расчёте на то, что у него изменится его легкомысленное (в сексуальном плане) поведение. Но похоже на то, что их план сработал как раз наоборот. За ним тянется шлейф брошенных женщин, а он продолжает свои поиски, поставив задачу к концу последнего года учебы сходить на свидание с каждой девушкой в университете.

Our fifth and final student is Kieron. He is actually roommates with Kyle. His personality is entirely different. When he is at home, his parents rarely see him. He stays sequestered in his room playing games on the computer or other social media. He also plays a musical instrument; I believe it is a cello. When at home, the only time he would come out of the room was for dinner. It usually would take several reminders before he would appear at the dinner table. While eating, he would rarely participate in any conversation. The exception of course, was if the conversation centered on computers or video games. His parents sent him to the university to help with his socialization. In a way, it has worked, because he got Kyle for a roommate. Thus, he can see an extrovert in action. If Kieron is not in his room, he can be found in the back area of the library where only a few brave souls venture. He also can occasionally be found in the music practice rooms, particularly when it is quiet and no one is using them.   He is an ideal roommate for Kyle, since he can evacuate the dorm room on short notice and plant himself in another area of the university, in the event that Kyle has a planned conquest. Moreover, once in the library or music secluded areas, he rarely leaves until he is forced out by the closing staff. On several occasions they locked him in the building by mistake. It took several hours for Kieron to discover he was alone. Eventually security responded and let him out.

Наш пятый и последний студент – Киерон. Он живет в одной комнате с Кайлом. По характеру он совершенно другой. Когда он дома, родители его почти не видят. Он уединяется в своей комнате и играет в компьютерные игры или общается в социальных сетях. Он также играет на музыкальном инструменте, по-моему, это виолончель. Когда он дома, то покидает свою комнату только для того, чтобы пообедать. К столу его обычно приглашают несколько раз, прежде чем он появляется за обеденным столом. Во время еды он редко принимает участие в общем разговоре. Исключая, конечно, ситуацию, когда разговор заходит о компьютерных или видео играх. Родители послали его в университет, чтобы помочь ему научиться общаться. В какой-то степени это помогло, поскольку он живет вместе с Кайлом. У него перед глазами проходит жизнь экстраверта. Если Киерона нет в своей комнате, то его можно найти в дальнем уголке библиотеки, куда забредают только самые отважные. Иногда его можно встретить в комнате для музыкальных занятий, особенно когда там тихо и кроме него никого нет. Для Кайла он идеальный сосед по комнате. Когда Кайл совершает свой очередной «подвиг», Киерона не нужно загодя просить освободить помещение, он может сразу уйти и найти себе пристанище где-то в другой части университетского городка. Более того, если Киерон находится в библиотеке или в комнате для занятий музыкой, то уже не покидает их, пока его не попросит об этом сторож, закрывающий помещение на ночь. Несколько раз случалось, что его по ошибке запирали, и проходило несколько часов, прежде чем он это обнаруживал. В конечном итоге реагировала служба безопасности и его выпускали.

The Millennial Story

As mentioned earlier, I met all five students in the school bistro. After some introductions and an explanation of the purpose of my study, we got down to the questions. I asked why there were so many rich people in America. Frankly, after I asked the question I was a bit embarrassed for asking. First, they are young people and have not made their fortunes yet. Moreover, I believe the majority are oblivious to being rich. All five were in a general agreement that they wanted to have a job that was fulfilling. They wanted to do something that had a purpose. They don't need to be rich, as long as they are free from want. They also noted that it would be nice to find a balance between having a happy and healthy life and work. Unlike the baby boom generation, work does not define them. I thought about this and concluded that the baby boom generation is predicated on the fact that you work and sacrifice for your family. It doesn't really matter what work you do, as long as you can provide. The happy life comes later, after you retire and have made the money. For the millennials, this balance of a happy life and a fulfilling job is a different way of looking at life. Of course Kyle mentioned, "However, if they are handing out money, we wouldn't refuse it."

Рассказ живущих в новом тысячелетии

Как уже говорилось выше, я встретился со всеми пятью студентами в университетском бистро. После того, как мы перезнакомились, и я объяснил цель своего исследования, мы перешли к вопросам. Я спросил их, почему в Америке так много богатых людей. Честно говоря, после того как я уже задал вопрос, мне стало за него неловко. Во-первых, они еще молоды и своих состояний не нажили. Более того, было совершенно очевидно, что большинство из них не представляют себе, что значит быть богатыми. Все пятеро единодушно сказали, что хотят найти работу, которая бы их удовлетворяла. Они хотели заниматься чем-то, что имеет достойную цель. Им не нужно быть богатыми, хватит и того, если они не будут нуждаться. Они также отметили, что будут счастливы, если обретут равновесие между тем, чтобы работать и жить счастливой здоровой жизнью. В отличие от поколения «бэби-бумеров», работа для них не главное. Я думал об этом и могу сказать, что к поколению «бэби-бумеров» можно отнести людей по признаку желания работать и жертвовать ради своей семьи. Для них не важно, на какой работе они заняты, главное – обеспечивать семью. Счастливая жизнь для них наступает позже, когда они уже накопили достаточно денег и выходят на пенсию. Для нового поколения соотношение работы и счастья совершенно иное и воплощает иной взгляд на жизнь. Конечно же, Кайл заметил: «Однако если будут раздавать деньги, мы не откажемся!»

I asked what they liked to watch on television. Saro said she liked to watch dramas and romantic comedy. "I don't watch a lot of television." Kathy also enjoys dramas and romantic comedy. Krista seemed to be more attracted to medical shows and murder mysteries. However, she admitted she didn't watch that much television. Kyle said he was too busy for television, but he does catch an occasional sporting game. I asked what his favorite team was and he replied he really doesn't have a favorite team. Kieron just gazed off into space and did not answer my question.

I asked the group what they thought about Russians. Krista said that they reminded her of Germans because they spoke in a very harsh voice. She always felt that Russians looked down on the rest of the world. Kathy agreed saying they are tall and talk in a gruff voice. Saro said that she had a good Russian friend from high school. She really likes Russians. Kyle said that it's a shame that 80 percent of their country is frozen. The whole population needs to live on 20 percent of the land. My role as a professor is usually to respond and educate. However, I decided that since I was acting as a researcher, that I would remain mute and not respond to their limited knowledge about Russia.

I asked them if they were concerned about privacy in America. Most laughed and said, "What Privacy?" However, we did discuss Facebook and how much information you want to put on line. The biggest concern that they had was "Identity theft" [felons using information obtained online to pillage bank accounts, social security numbers, credit cards and other misrepresentations, MB].

Я спросил, что они смотрят по телевизору. Саро сказала, что она любит смотреть мелодрамы и романтические комедии: «Я смотрю телевизор редко». Кэти тоже нравятся мелодрамы и романтические комедии. Кристе больше нравятся медицинские шоу и расследования убийств. Однако и она признала, что смотрит телевизор редко. Кайл сказал, что на телевизор у него нет времени, он слишком занят, но иногда смотрит спортивные программы. Я спросил о его любимой команде, но он сказал, что любимой команды нет. Киерон смотрел в пространство и на мой вопрос не ответил.

Я спросил всех, что они думают о русских. Криста сказала, что они ей напоминают немцев, потому что говорят грубыми голосами. Ей всегда казалось, что русские смотрят на весь мир свысока. Кэти согласилась и сказала, что они высокие и говорят хриплыми голосами. Саро сказала, что у нее был в школе хороший русский приятель, ей очень нравятся русские. Кайл сказал, что 80 процентов территории их страны в вечной мерзлоте – это позор. Все население вынуждено селиться на оставшихся 20 процентах территории. Моя роль как профессора – это реагировать и просвещать. Но в этой ситуации я решил, что раз я провожу исследование, то не нужно ничего говорить и реагировать на их ограниченные знания о России.

Я спросил их, что они думают о конфиденциальности в Америке. Большинство рассмеялись и спросили: «Что такое конфиденциальность?». Но мы поговорили о Фейсбуке и о том, какой вообще информацией они готовы делиться в Интернете. Самую большую озабоченность у них вызывает кража личных (персональных) данных [мошенничество, заключающееся в том, что информация, размещенная в сети, используется для взлома банковских счетов, кражи номеров социального страхования, кредитных карточек и т .д. и т.п. – М.Б.].

The students told me that there is a site where for ten dollars, you can have access to anyone's telephone records.

Kathy stated that even when you delete something on Facebook, it really stays there forever. Saro added that there are a lot of people who don't realize how you can put yourself in danger on line. Posting private telephone numbers, or noting when you will be "out of town" (for example, "on vacation"; it is believed this is good information for potential burglars.) Kyle mentioned that he knew someone who was fired from a job because they put something on their private Facebook account which was derogatory about the place where they work. A Co-worker saw the post and told the boss about it. "I don't think it is fair that you should be held responsible for things you say in private," he remarked. Krista commented that he was just stupid for writing it. "Everyone knows that the world reads Facebook."

My next question I directed to Kathy and Saro. "Since you have dual citizenship, what is something that surprised you or you found different than your home country?" Saro immediately responded that it is the way Americans handle friendships. "It's kind of come and go." In Rwanda, we make friendships that last a lifetime. Kathy added that this American friendship style impressed her as well. "There are so many issues and trauma surrounding friendships. Even on Facebook, people can defriend one another. In Nicaragua, we make friends for life."

Студенты рассказали мне, что существует сайт, где за десять долларов вам предоставят доступ ко всем телефонным номерам, по которым звонил любой человек.

Кэти сказала, что даже если что-то убираешь со своей страницы на Фейсбуке, все равно информация там остается. Саро сказала, что многие даже не понимают, какой опасности они себя подвергают, размещая информацию в сети. Некоторые дают номера личных телефонов или публикуют уведомление о том, что их не будет в городе (например, «в отпуске», что может привлечь грабителей). Кайл заметил, что он знал человека, которого выгнали с работы из-за негативного отзыва о работе, который тот разместил на своей личной странице в Фейсбуке. Другой сотрудник увидел публикацию и сказал об этом шефу. Кейл подчеркнул: «Я не думаю, что это честно спрашивать с человека за то, что он сказал в личном общении». Криста сказала, что глупо было писать такое. – «Каждому известно, что Фейсбук читает весь мир».

Следующий вопрос был адресован Кэти и Сарго: «Поскольку у вас двойное гражданство, что удивляет вас в другой стране или в чем вы находите очень большие отличия?» Саро сразу ответила, что это то, как американцы относятся к дружбе. – «То друзья, то нет». В Руанде друзьями становятся на всю жизнь. Кэти также заметила, что обратила внимание на особенности дружбы по-американски: «Так много проблем и травм, связанных с дружескими отношениями. Даже на Фейсбуке можно взять и исключить кого-то из друзей. В Никарагуа, если мы друзья, то это на всю жизнь».

At this moment, Kyle excused himself from the group and went to a class. While he walked away, Saro, watched him with "half an eye," (watching someone who you suspect is doing mischief,) and as soon as he was out of "ear shout," (too far away to hear); Saro broke the silence by commenting that American men today are not considerate of women and they have very poor manners when dealing with women. "That's right," Kathy added. "They don't hold the door for you; they don't wash dishes; and they expect the women to do all the work. And, some of them are plain lazy. I have a friend who has graduated college and has a good job. Her 26 year old boyfriend, who doesn't have a job, stays home all day and plays video games. Apparently, he has no problem with her supporting him. Where are the gentlemen?

That's what I want to know." At that point Kieron interjected that, "I'm a gentleman, I hold doors for people, and I'm nice. But I can't get a date because I am too much a gentlemen. You girls always seem to go for the bad boys and never date the gentlemen types. I think you bring this whole problem on yourselves." At this point the table fell silent. After an awkward moment or two, I stated that, "Kieron made a good point. However, we need to 'move on' (continue)" I then asked Saro and Kathy to continue discussing what was different about America for them.

Kathy stated, "Besides friendships and guys, I was surprised about the drinking age. We drink when we are eighteen in my country; it's not a big deal.

В этот момент Кайл извинился и сказал, что ему нужно идти на занятия. По мере того как он удалялся, Саро посматривала в его сторону так, что казалось она не очень-то верит в его занятия. Как только он отошел довольно далеко и не мог слышать разговора, Саро нарушила тишину и сказала, что мужчины в Америке не выказывают женщинам должного уважения – в обхождении с женщинами у них очень плохие манеры. «Да, это правда, – добавила Кэти, - никогда не откроют для тебя дверь, не помоют посуду, ожидают, что женщина сама сделает всю работу. А некоторые из них просто откровенно ленивы. У меня есть подруга, она уже закончила колледж и работает в хорошем месте. Ее бойфренд, которому 26 лет, не работает, сидит целыми днями дома и играет в видеоигры. Очевидно, что его нисколько не смущает, что он находится на ее содержании. Куда подевались джентльмены? Вот, что я хочу знать!»

В этот момент Киерон вставил: «Я – джентльмен, я открываю людям двери и вообще обходителен. Но я никак не могу найти девушку, с которой я мог бы встречаться. Такое впечатление, что вы девушки только и обращаете внимание, что на развязных молодых людей и не смотрите в сторону мужчин джентельменского типа. Я думаю, что вы сами виноваты в создавшейся ситуации». За столом воцарилось молчание. После некоторой неловкости я сказал, что стоит призадуматься над словами Киерона. Нам, однако, нужно было продолжать. Я попросил Кэти и Саро продолжить тему об отличиях американского образа жизни.

Кэти продолжила: «Помимо друзей и молодых людей, меня также удивил возраст, когда можно употреблять алкогольные напитки. В моей стране мы можем пить с 18 лет, и в этом нет ничего особенного.

Apparently in America, it is. The American drinking age is 21. However, no one really pays attention to it, except for bars and restaurants that could lose a license if they serve minors. We do a lot of "pre-gaming" (drinking before you go out). This solves the problem of people who are underage and would probably not be able to drink at a bar. Further, it is cheaper to drink at home than in a bar." Saro also added that, "Many Americans dress in a provocative manner. In my country, you would have violated a number of taboos. From the Rwandan perspective you are going out naked."

"Even when they do dress," Kathy added, "they wear strange outfits. I saw one woman that looked like she was wearing PJ's (pajamas, bedtime clothes to sleep in) to go to a movie. They sometimes go out without make-up, poor grooming such as not doing your hair or not taking a shower for days. This is men as well." Kieron interjected that he showered every day.

Another thought was that Americans have a sense of independence in how they live their lives. In other parts of the world, there is a communal approach to living. The people in the community share the work for the joint purpose of survival. "In America, you are expected to do a multitude of things by yourself. That was hard for me to get used to," commented Saro.

I then asked if there was anything that they would like to see that would make their lives better. All three girls answered "world Peace. Let's stop killing each other and learn to live together," they stated. I told them I thought I was at the Miss America pageant where all the contestants always say they want world peace. Thus, I rephrased the question and said, "What would you really like to have happen in your life to make things better?" Kieron responded that he would like to work at something that he loved which would pay him a good salary and that he would like to have the respect of friends and family.

Видимо, в Америке все обстоит иначе. В Америке можно начинать выпивать, если тебе 21 год. Но никто на это особого внимания не обращает, если ты не в баре или не в ресторане, владельцев которых могут лишить лицензии, если они продают спиртное несовершеннолетним. Мы много пьем до того, как куда-нибудь идем. Это решает все проблемы для тех, кому еще нет 21, и кого не обслужат в баре». Саро также добавила: «Многие американцы одеваются провоцирующе. В моей стране это было бы нарушением целого ряда табу. С точки зрения Руанды, вы ходите обнаженными».

«Даже когда они вроде бы одеты, то их одежда очень странная, – добавила Кэти. - Я как-то видела молодую женщину, на которой была пижама, и в этом наряде она пришла в кино. Иногда они не пользуются косметикой, или плохо за собой ухаживают, например, не причесывают волосы, или нерегулярно принимают душ. Это касается и мужчин».

Другая мысль касалась независимости американцев. В других странах мира существует общинный подход к устройству жизни. Люди в общине выполняют разную работу, чтобы община могла выжить. «В Америке считается, что множество вещей вы должны уметь делать сами. Мне было трудно к этому привыкнуть», - сказала Саро.

Затем я спросил, какие перемены сделали бы их жизнь лучше? Все три девушки сказали: «Мир во всем мире. Давайте перестанем убивать друг друга и научимся жить вместе». Я сказал, что почувствовал себя на конкурсе красоты «Мисс Америка», где все конкурсантки всегда говорят о мире. Я задал вопрос несколько иначе: «Какие события в ваших жизнях изменили бы все к лучшему?» Киерон сказал, что хотел бы иметь любимую работу, получать хорошие деньги и пользоваться уважением родных и друзей.

The girls all agreed that having a job that balances meaningful employment with leisure time to spend with friends and family would be ideal. Without hesitation, all of the girls responded that they really want to make their parents proud of them.

I thanked the students for their candid answers and left the University. Talking to these students gave me a fresh perspective on today's youth. I was thankful that the conversation was so frank and honest.

Sociological commentary

Before I alienate my readers from California, I think it would be appropriate to say that California has much to offer its citizens. We all know that it is the movie capital for the United States and possibly much of the world. Its wines, coming from the Napa valley, are served on tables worldwide. The Silicon Valley, located to the north, is the home of many of the world's largest high-tech corporations and is considered a very famous area for startup companies (new businesses) in the field of technology. The word valley is used because it is located in the Santa Clara Valley area and the word silicon is used because it got its initial start as the location for silicon chip manufacturers. Also, the term Silicon Valley has become part of the American language and is used as a metonym for the American high-technology sector of the economy.

Девушки тоже согласились, что идеальной была бы ситуация, если бы хорошая работа оставляла время на досуг с друзьями и семьей. Не колеблясь ни секунды, все девушки сказали, что очень бы хотели, чтобы их родители ими гордились.

Я поблагодарил студентов за откровенный разговор и покинул университет. Разговор со студентами дал мне представление о том, какова сегодняшняя молодежь. Я был благодарен им, что состоялся честный и открытый разговор.

Социологический комментарий

Прежде чем я заставлю своих читателей оставить Калифорнию позади, думаю, следует сказать, что Калифонии есть, что предложить своим гражданам. Все мы знаем, что это столица американской киноиндустрии, и, возможно, большей части нашей планеты. Вина, которые производятся в долине Напа, подают к столу во всем мире. Силиконовая долина, расположенная к северу, - дом для многих самых крупных в мире и высокотехнологичных корпораций; долина славится как самое удачное место для начинающих свой бизнес компаний (Стартапов) в сфере технологий. Слово «долина» используется в связи с географическим названием этого места – долина Санта Клара, а слово «силикон» – поскольку здесь было положено начало изготовлению чипов из силикона. Словосочетание «силиконовая долина» вошло в американский язык и используется в переносном смысле для обозначения высокотехнологичного сектора американской экономики.

A metonym is a name, or expression used as a substitute for something else with which it is closely associated. For example, *Washington* is a metonym for the US government.

Many also believe that California takes a leadership role when it comes to adjusting to change and embracing new ideas and technologies. In truth, there are many who love the "California life style" and have purposely immigrated there to live it. Of course there are problems as well. Los Angeles, as well as some of the larger cities in California, are crowded and have crime rates which could be of concern. LA (Los Angeles) is a city where there are constant traffic jams. There are issues with smog (air pollution). Some people don't like the casual/liberal lifestyle and want a more conservative way of living. I think this was Kathy's thinking when she selected "The Mount."

From the standpoint of the student's comments about the Russian people and their world view in general, they have not yet been presented with opportunities for travel. Their experiences are shaped mainly from social media or from movies and television. A large number of Americans don't travel outside of the United States. First, this is because there are many diverse and interesting things to do here in the country. Second, the average American's friends and neighbors come from different ethnic and racial backgrounds. Thus, they are exposed to "outsiders." However it is in an American context and setting.

Метонимический перенос используется тогда, когда нужна замена при обозначении предмета на другое слово, связанное с этим предметом. Так, например, слово «Вашингтон» часто замещает словосочетание «правительство США».

Многие также верят, что Калифорнии принадлежит лидирующая роль, когда дело касается реагирования на перемены, принятия новых идей и технологий. На самом деле есть много людей, которые влюблены в калифорнийский образ жизни и специально иммигрировали сюда. Конечно же, здесь есть и свои проблемы: Лос Анжелес, как и другие крупные города Калифорнии, перенаселен и имеет очень высокий уровень преступности. Лос Анжелес – это город постоянных транспортных пробок. Есть проблемы, связанные со смогом (загрязнением воздуха). Не всем нравится либерально-расслабленный образ жизни, есть сторонники более консервативного образа жизни. Я считаю, что именно так думала Кэти, когда выбрала «Гору».

Если рассмотреть комментарии студентов о русских и их мировоззрении вообще, то очевидно, что пока еще у них не было возможности путешествовать. Их жизненный опыт сформирован средствами массовой информации, кинофильмами и социальными сетями. Не так много американцев выезжают за пределы США. Во-первых, потому что здесь, в собственной стране, есть много возможностей интересно и разнообразно проводить время. Во-вторых, друзья и соседи среднего американца обычно представители разных народов и культур. Таким образом, у американцев достаточно опыта общения с иностранцами. Тем не менее это общение происходит в американском контексте и окружении.

A third reason has to do with geography. America is one country from the Atlantic to the Pacific, unlike Europe, someone travelling doesn't need to move from country-to-country within the American continent. The only foreign neighbors are Canada to the north and Mexico to the south. When Americans travel north, they find that the culture is really similar to their own. Other than a different currency and occasional French being spoken, very little cultural adjustment is required. Mexico, on the other hand, would require some cultural adjustment. The exception would be Cancun which ranks as the number one travel destination for Americans outside of the United States. The Americanization of this tourist town, coupled by the widespread use of English, makes adjustment very easy for American visitors.

In truth, other than visiting within the United States, Mexico ranks as a strong number one travel destination for Americans with Canada a surprising second. Other popular destinations are tropical islands on the east coast such as Bermuda, the Bahamas, and the Virgin Islands. Thus, Americans who do venture out of the country, tend to seek travel destinations which are close to home. Moreover, until recently, a passport was not needed to travel to either border crossings or tropical islands. Another thing that visitors find intriguing about the American citizenry is that not everyone has a passport. This is basically because they are not needed. The principle identification document is a driver's license. You only get a passport if you are planning international travel. Otherwise, why would you pay for a passport? For many Americans, getting a driver's license when one turns sixteen is a rite of passage.

Третья причина имеет отношение к географии. Америка – единственная страна, простирающаяся от Атлантического до Тихоокеанского побережья. В отличие от Европы, чтобы здесь путешествовать, не нужно переезжать из страны в страну. Единственные зарубежные соседи – это Канада на севере и Мексика на юге. Когда американцы путешествуют на север, то сталкиваются с культурой, очень похожей на их собственную. Вся разница в другой валюте и иногда проскальзывающей французской речи – к иной культуре здесь приспосабливаться не надо. В Мексике, с другой стороны, нужно привыкнуть к иной культуре. Единственным исключением будет Канкун – место, которое выезжающие за рубеж американцы посещают чаще всего. Американизация этого туристического города наряду с широко распространенным английским языком не требует от американских туристов дополнительных усилий, чтобы приспособиться к иной культурной среде.

Если не считать путешествия по своей стране, поездки в Мексику стоят по популярности среди американцев на первом месте, а Канада, к удивлению, на втором. Другим популярным направлением являются тропические острова на восточном побережье, такие как Бермуды, Багамы и Виргинские острова. Даже если американцы осмеливаются осуществить поездку за рубеж, они подыскивают места недалеко от дома. Более того, до недавнего времени для поездок в соседние страны или на тропические острова даже не нужен был паспорт. Этот факт часто занимает иностранцев – не у всех граждан США есть паспорта. Прежде всего потому, что в них нет нужды. Главный документ для удостоверения личности – водительские права. Получают паспорта только в случае планирования международной поездки. А иначе зачем же платить за паспорт? Для многих американцев получение прав в возрасте 16 лет – это обряд посвящения.

Everyone should get one, even if you don't drive. (The Department of Motor Vehicles will issue non-driving licenses in many states to be used for identification purposes only.) A fourth factor could be affordability. Travel is expensive, and middle class people tend to travel more than lower or working class peoples.

Another concept that was discussed during the interview was the aspect of privacy. While in many places in the world, the aspect of privacy takes on a communal approach, for Americans it is more personal. The comment "what privacy" during the interview demonstrated that not having privacy was almost a "foregone conclusion" (a result that can be predicted with certainty.) Of course the interviewees in this case were younger and from the millennial generation. They have grown up in a world where the supplying of personal information is necessary to get any kind of credit, go to a doctor, rent an apartment, or apply for a scholarship. In fact, their concerns centered more on Facebook and other social media. There are more expectations of privacy among baby boomers than the millennials. A baby boomer may identify privacy as the state of being free from unwanted or undue intrusion or disturbance in one's private life or affairs. For the millennial generation, this concept doesn't compute. They contend that one needs to supply data to "get things."

У каждого должны быть права, даже если вы не водите машину. (Департамент транспортных средств многих штатов выдаст специальное удостоверение для не-водителей, которое можно будет использовать как удостоверение личности). Четвертым фактором можно считать затратность. Путешествие требует больших расходов, поэтому представители среднего класса путешествуют гораздо чаще, чем представители рабочего или самого низкого класса.

Другой вопрос, который был обсужден во время интервью, – это конфиденциальность. В то время как во многих странах мира конфиденциальность дело общественное, в Америке этот вопрос имеет более личный характер. Комментарий на вопрос, что значит конфиденциальность, во время интервью показал, что не иметь конфиденциальности – это почти равно как ожидать результат, который заведомо известен. Конечно же те, кого я опрашивал, были довольно молоды и принадлежат к поколению родившихся в этом тысячелетии. Они выросли в мире, в котором предоставление персональных данных необходимо для получения любого кредита, посещения врача, аренды жилья, подачи заявления на стипендию. Фактически они были больше озабочены Фейсбуком и другими социальными сетями. Бейби-буммеры гораздо больше рассчитывают на конфиденциальность, чем представители нового поколения. Бейби-бумеры в большей степени связывают конфиденциальность со свободой и недопустимостью неправомерного вторжения в его личную жизнь или дела. Новое поколение так совсем не считает. Они понимают, что получить что-то можно только предоставив личные данные.

If we were to ask most Americans if they were comfortable with a government or a bureaucracy knowing everything about them, most would say no. However, I surmise it would be a much stronger no from the older population.

Also, a word on University selection might prove useful to the reader. In the United States, most universities are not free. Initially, they are divided into public and private universities. Public Universities, which are universities that are mostly state run, such as the University of Wisconsin or the University of Delaware, receive financial support from government organizations. As such, the tuition for these universities tends to be less than with private schools. This is because private schools rely more heavily on tuition to run their operation where government sponsored schools use government money in addition to tuition. A student contemplating what university to attend is confronted with a number of deciding factors.

First, for most, it is the expense. Data at the time of writing this book reveals the average cost of tuition and fees per year was $31,231 at private colleges, and $9,139 for state residents at public universities and $22,958 for out-of-state residents attending public universities. For many, the choice comes down to affordability. However, these colleges also wish to attract students of high academic achievement.

Если мы спросим у большинства американцев, будут ли они чувствовать себя в безопасности, если правительство или бюрократическая машина будет знать о них все, большинство скажет «нет». И тем не менее я беру на себя смелость предположить, что «нет» старшего поколения прозвучит гораздо тверже.

Несколько слов о выборе университета может быть не бесполезным для читателей. В Соединенных Штатах обучение в большинстве университетов платное. Первоначально они делятся на государственные и частные университеты. Государственные университеты в основном управляются государством, и государственные структуры осуществляют их финансирование. Это такие университеты, как Университет штата Висконсин, Университет штата Делавэр. Как правило, обучение в таких университетах дешевле, чем в частных заведениях. Это происходит из-за того, что частные университеты больше опираются на доходы от платы за учебу, в то время как государственные университеты, кроме платы за обучение, имеют в своем распоряжении еще и бюджетное финансирование. Студент, решающий в какой университет поступить, должен принять во внимание целый ряд важных факторов.

Прежде всего, для большинства – это вопрос стоимости. Данные во время написания этой книги показывают, что для жителей штата средняя стоимость обучения в год составляет 31.231 доллар в частных колледжах и 9.139 долларов – в государственных университетах. Для многих выбор определяется тем, что они могут себе позволить. Однако и эти колледжи также хотят привлечь студентов, демонстрирующие высокий уровень академической успеваемости.

As a result they offer scholarships (money awards to offset tuition expense) to students that show great promise. In the case of Krista, because of her academic achievements in high school, she was given a scholarship which allowed her to enroll in Mount St. Mary's University, a private college.

A second reason for college choice centers on the programs they offer and the reputation of the faculty. In the case of the "Mount," the business school has an outstanding reputation. This is a major factor as to why all three of the girls chose the University. Of course, if you are pursuing a law degree, a Harvard law degree will "open many doors for you" (Increase your opportunity for immediate employment after graduation.) For those interested in music, try the Juilliard School. It is often referred to as Juilliard, the school trains about 850 undergraduate and graduate students. It is considered the world's leading music school and a graduate of that school is held in high esteem.

In some cases, residency is a consideration. Some students want to live away from their families as a way of "growing up and becoming independent." Someone living in New York may decide to go to Texas for their college education. There are also students who don't want to leave their community and choose a college or university which affords them the opportunity to live nearby.

In so far as the students' comments on the trauma of friendship, I would tend to disagree. The reader should keep in mind that these students really represent new millennial thinking. Amongst the older generation, there is not so much fluctuation in friendships. Older people generally value friendships highly and often talk of friendship as a gift.

Для этого они предлагают талантливым студентам стипендии (деньги, которые помогают нести расходы за обучение). В случае с Кристой – благодаря своей высокой успеваемости в средней школе, ей дали стипендию, позволившую поступить в частное учебное заведение – Университет им. Горы Святой Марии.

Второй фактор связан с программами, которые предлагает университет, и репутацией профессорско-преподавательского состава. Это одна из основных причин, почему все три девушки выбрали этот университет. Конечно, если вы хотите получить диплом по юриспруденции, то диплом университета Гарварда откроет для вас многие двери (то есть увеличит ваши возможности, когда вы будете искать работу после получения диплома). Для тех, кто увлекается музыкой, лучше попробовать школу Джулиарда. Эту школу знают по имени Джулиард, в ней обучается на разных курсах около 850 студентов. Она считается ведущей музыкальной школой в мире, а ее выпускники пользуются большим почетом.

Есть случаи, когда во внимание принимается местоположение. Некоторые студенты не хотят жить с родителями: они уже выросли и хотят независимости. Живущие в Нью Йорке могут принять решение поехать учиться в Техас. А есть студенты, которые не хотят уезжать из своих мест и выбирают колледж или университет, находящийся поблизости.

Что касается комментариев студентов по поводу дружбы, то тут я выражу несогласие с ними. Читатель не должен забывать, что эти студенты представляют образ жизни новейшего поколения. Среди старшего поколения отношение к дружбе вполне единодушно. Обычно более зрелые люди высоко ценят дружбу и говорят о дружбе, как о даре.

Of course when they were younger they may have experienced more dramatic friendship interaction, but time has dulled that memory. Generally speaking, baby boomers and some of the older millennials have more stable friendships.

Конечно, когда они были моложе, то, возможно, тоже испытывали различные драматичные коллизии, но время притупило эти воспоминания. Обобщая, скажем, что «бэйби-буммеры» и некоторые более старшие представители молодежи демонстрируют большую стабильность в отношениях с друзьями.

Chapter 7. From Darkness to Freedom: Sensovana's Story

Setting the Scene

The Vietnam War, also known as the second Indochina War, occurred from an American perspective from 1965 to the fall of Saigon on April 30, 1975. The estimates of the total number of death vary widely depending upon the time period and the area covered. In a study done by Guenter Lewy, it is estimated that 1,313,000 deaths were the total for north and south. They are broken down as follows:

Deaths in Vietnam War (1965–1974) per Guenter Lewy	
Allied military deaths	282.000
NVA/VC military deaths	444.000
Civilian deaths (North and South Vietnam)	587.000
Total deaths	1.313.000

From an American perspective, the loss of their military personnel totaled 58,220. The Vietnam War did not just occur in Vietnam, but also in Laos and Cambodia. Our final interview and story will be of a lady known as Sensovana and her brother known as Aki Ra. They were born in Cambodia and immigrated to the United States with the family in 1981. I met Sensovana when she was one of my students taking sociology courses.

Глава 7. Из темноты к свободе: история Сенсованы

Определение ситуации

Война во Вьетнаме, также известная как Вторая война в Индокитае, имела место, с американской точки зрения, с 1965 до падения Сайгона 30 апреля 1975 г. Оценки общего количества погибших в большой степени зависят от времени и территориального охвата. В исследовании, проведенном Гюнтером Леви, приведены данные общего числа погибших на севере и на юге – 1.313.000. Эту цифру можно распределить следующим образом:

Количество погибших во Вьетнамской войне (1965–1974) по данным Гюнтера Леви	
Потери союзных войск	282.000
Потери армии Вьетконга и Армии Северного Вьетнама	444.000
Потери среди гражданского населения Северного и Южного Вьетнама	587.000
Общее число потерь	1.313.000

С американской точки зрения, потери среди военного персонала достигли 58.220 человек. Вьетнамская война шла не только на территории Вьетнама, но на территориях Лаоса и Камбоджи. Наше заключительное интервью и история – о женщине по имени Сенсована и ее брате Аки Ра. Они родились в Камбодже и в 1981 г. вместе со своей семьей эмигрировали в США. Я познакомился с Сенсованой, когда она была студенткой и слушала мой курс по социологии.

She told me her story and I believe it is relevant that I share that story with you, the reader, in order for you to understand her perspective on American thinking and being. On the day of the interview, we were joined by one of her brothers. Between 1975 and 1979, genocide occurred in Cambodia in which an estimated one and a half to three million people died. They were buried in a number of mass graves, often called the killing fields. There are many books and publications on this event and it is well documented for the curious reader. Sensovana and her parents, three younger brothers and three younger sisters witnessed the Vietnam War near the border of Cambodia and Vietnam.

During the war, they saw American airplanes dropping bombs at the border of Cambodia and Vietnam. Many soldiers from both sides would move over the borders and they were often desperate and posed great danger to her family and the rest of the citizens of the many villages, as well as urban dwellers of Phnom Penh. She and her family lived in constant fear. Many were forced out of their homes and sent into the jungles to begin a life of slavery. There are many horror stories of people being raped, robbed and killed. This was particularly true of those who were educated such as professors, doctors, scientists and business people. They were considered enemies of the Khmer Rouge regime. Sensovana's father was a businessman. Much to his credit, he understood what was going on and moved his family to what they thought would be safety on a brother's farm.

Она мне рассказала о себе, и я думаю, будет уместно поделиться этой историей с вами, моими читателями, чтобы вы поняли ее взгляд на американский менталитет и образ жизни. В тот день, когда состоялся разговор, к нам присоединился один из ее братьев. Между 1975 и 1979 гг. в Камбодже имел место геноцид, в результате которого по разным оценкам погибли от одного до трех миллионов человек. Их погребали в местах массовых захоронений, которые часто называли «полями смерти». Есть много публикаций и книг на эту тему, любознательный читатель найдет много хорошо задокументированных фактов. Сенсована и ее родители вместе с тремя младшими братьями и тремя младшими сестрами стали свидетелями вьетнамской войны, находясь на границе между Вьетнамом и Камбоджей.

Во время войны они видели, как американские самолеты сбрасывают бомбы на границу с Камбоджей. Большое количество солдат с обеих сторон переходили границу, они часто были в отчаянном положении и представляли большую угрозу для семьи Сенсованы, других жителей множества деревень и городского населения Пномпеня. Она и ее семья жили в постоянном страхе. Многих заставляли покидать свои дома и жить в джунглях жизнью рабов. Есть много жутких рассказов о том, как людей насиловали, грабили и убивали. Это особым образом касалось образованных людей – профессоров, врачей, ученых и бизнесменов. Их считали врагами режима Красных Кхмер. Отец Сенсованы был бизнесменом. К его чести следует сказать, что он понимал, что происходит, и перевез свою семью туда, где, ему казалось, она будет в безопасности – на ферму к брату.

He disguised himself as a local peasant. When talking to anyone in authority, he would keep his head bowed, not make eye contact, and say yes to everything they asked him to do. This is what probably saved his life.

Sensovana's father would often make trips through the forest to try to find other cities and villages where he could trade family processions for food. In his search for rice, he walked into Thailand/Vietnam and many parts of Cambodia. He faced obstacles such as landmines, rocket shelling, Vietnamese soldiers, Khmer Rouge, Free Cambodian resistance people and of course robberies. (Usually by people as desperate as him.) He would leave and sometimes not return for many days. When he said goodbye, the family did not know if they would ever see him again. For almost four years, the family lived through the Khmer Rouge/Communist Regime. Forced to live in continual fear, Sensovana and her family faced famine, possible execution and diseases. Of course there was no school, everyone had to work.

In 1979, they made it to a refugee camp in Thailand. "It wasn't much to see. It was basically a fenced off area and hand dug latrines and an understaffed makeshift hospital. We slept in tents and quickly constructed huts but we did have water and food. The relief workers came from all over the world. We stayed in the camps for about 2 years and enjoyed some relative safety. There were some obstacles in the camps as well, but we were glad to be there.

Он маскировался под местного крестьянина; разговаривая с кем-то из властных структур, он всегда склонял голову, глядел вниз, избегая смотреть в глаза, и говорил «да» на все, что от него требовали. Видимо, это и спасло ему жизнь.

Отец Сенсованы часто пробирался через лес в поисках других городов и деревень, где он мог бы обменять семейное добро на продукты. В поисках риса он исходил Тайланд/Вьетнам и многие районы Камбоджи. Он преодолевал препятствия, такие как пехотные мины, артобстрелы, солдат армии Вьетнама, Красных Кхмеров, людей из сопротивления Камбоджи и, конечно, грабителей, которыми зачастую были такие же отчаявшиеся люди, как и он сам. Иногда он уходил и не возвращался в течении многих дней. Когда он прощался, семья не знала, увидят ли они его вновь. Почти четыре года семья выживала при коммунистическом режиме Красных Кхмеров. Вынужденные жить в постоянном страхе, семья Сенсованы испытала голод, болезни, была под угрозой экзекуций. Конечно же, никто не ходил в школу – все должны были работать.

В 1979 году они добрались до лагеря беженцев в Тайланде. – «Там ничего не было – просто огороженная территория, туалеты с выгребными ямами и импровизированной больницей, в которой не хватало персонала. Мы спали в палатках и построенных на скорую руку хижинах, но у нас была еда и вода. Нам оказывали помощь люди из разных стран. Мы прожили в лагере около двух лет и радовались относительной безопасности. В лагере тоже были свои трудности, но мы все равно были рады там находиться.

The option of not being there was too terrible to comprehend.

My father's dream was always to get his family to safety. He hoped for America, but any safe haven would work for him." In 1981 they were moved to a Philippians refugee camp and lived there for a short time and finally immigrated to America. "My father had fulfilled his dream to get the family to safety."

The family first located in Boston, Massachusetts. Her father finally found work in a car wash. "Not the best work for a professional businessman, but it gave us great pride. We were safe in America, we had an income, and the future for our family was bright." Unfortunately, their father lost his life just four months after arriving in America. "He was taking the bus to go to work on his second week. As he walked across the street, he was hit by a van. The African-American man driving did not have insurance and had four young children to take care of. Consequently, my mother decided not to press charges against him and asked nothing from him. We looked at it as this is our Karma and what is meant to be is meant to be. We are in America. We had escaped and the worst part of our life was behind us."

For a while, the family struggled. They lived on welfare and food stamps. A single mother with three sons and three daughters, their mother had no knowledge of English. She spoke only her native tongue, which was the Khmer language. Unfortunately, she could not read or write it. This was because in Cambodia, she never went to school.

Ужасно было думать о том, что могло бы произойти, если бы не лагерь.

Мечтой моего отца было переправить семью в безопасное место. Он надеялся попасть в Америку, хотя любое безопасное место показалось бы ему раем». В 1981 г. их перевели на короткое время в лагерь беженцев на Филиппинах, и они наконец эмигрировали в Америку. – «Мечта моего отца сбылась – его семья была в безопасности».

Вначале семья разместилась в Бостоне, штат Массачусетс. Отец наконец нашел работу на мойке. – «Не самая лучшая работа для профессионала-бизнесмена, но мы ею очень гордились. В Америке мы были в безопасности, у нас был доход, будущее нашей семьи было светлым». К несчастью, через четыре месяца после приезда в Америку отец умер. – «На второй неделе работы он шел к автобусной остановке. Когда он переходил дорогу, его сбил микроавтобус. У афроамериканца, который был за рулем, не было автомобильной страховки, но было четверо маленьких детей. Поэтому моя мать решила не передавать дело в суд и ничего у него не попросила. Мы считали, что это наша карма и будет только то, что должно быть. Мы в Америке. Мы спасены и самое страшное время в жизни уже позади».

Какое-то время семье было очень тяжело. Они жили на пособие и продуктовые талоны. Вдова, имеющая на руках трех сыновей и трех дочерей, не говорила по-английски. Она говорила только на своем родном языке, языке Кхмеров. К несчастью, она не умела ни читать, ни писать. Это потому, что в Камбодже она не ходила в школу.

Sensovana proudly shared that, "I went to public high school with very minimal English at the age of 17. Facing discrimination and total cultural shock, four years later, I graduated 9th in a class of 319 students. I went on to Lutheran University after high school and faced many challenges and struggled with English in all my college courses. I finally graduated with a BA degree. "

Sensovana has worked in banking, translating and worked for nursing homes and settings where people come from all international backgrounds. She shared that, "my friends are Indians, Korean, Chinese, Philippines, Egyptian, Greek, Japanese, Thai, Laotian, Pakistani, African-American, White, Buddhism, Hinduism, Muslim, Christian. It doesn't matter who or what they are as long as they are kind to others." While she was in college, she met an Italian-American Economics instructor. "It was totally unexpected and out of the tradition, customs, values, and ethnic background that I was used too." She married into the Italian American family and has never regretted her decision. She has been married for 23 years and has three sons, 20, 13, and 11 years old.

She also believes in "giving back to the community." [a belief that if one is fortunate to be blessed with good things in life, that they have an obligation to contribute back to their community, MB].

Сенсована рассказывает с гордостью: «Я пошла в старшие классы государственной среднеобразовательной школы в возрасте 17лет, мой английский был минимальным. Мне грозила дискриминация, я пережила полный культурный шок, а через четыре года я окончила школу и была 9-ой из 319 студентов. После средней школы я поступила в Лютеранский университет, где у меня было много трудностей с предметами из-за моего слабого английского. В конце концов я окончила университет со степенью бакалавра».

Сенсована работала в банковском деле переводчиком и в домах престарелых, где можно встретить людей разных национальностей. Она рассказывала: «Среди моих друзей есть индусы, корейцы, китайцы, филиппинцы, египтяне, греки, японцы, тайванцы, лаосцы, пакистанцы, афроамериканцы, белые, буддисты, индуисты, мусульмане, христиане. Мне все равно, кто они и во что верят, главное – чтобы они по-доброму относились к другим. Во время учебы в колледже она познакомилась с инструктором по экономике, американцем итальянского происхождения. – «Это было совершенно неожиданно и не похоже на традиции, обычаи, ценности и этические принципы, на которых я была воспитана». Она вышла замуж за человека из американо-итальянской семьи и ни на минуту не пожалела о своем решении. Она замужем уже 23 года, у нее три сына, им 20, 13 и 11 лет.

Она также уверенна в том, что следует «отдавать обществу долги» [вера в то, что если тебе повезло, и жизнь тебя благословила успехом, то у тебя есть долг перед обществом, который нужно вернуть – М.Б.].

She has volunteered at nursing and Rehabilitation centers, public schools and outreach places for children who are disadvantaged. She also works at the local hospital as a nurse.

I asked her about her religion and she told me that her upbringing was Buddhism, but she doesn't remember much. They taught her to be Baptist in the refugee camps. Her husband, who was brought up Catholic, thinks he might really be Protestant. Yet, he goes to Baptist services with her each week. Sensovana says, "I really can't declare which one I am, but I do believe in God."

Sensovana's brother has also fared well. He opened up a Cambodian/Vietnamese restaurant in Alexandria, Virginia about nineteen years ago with one of his other brothers. The restaurant is very popular and they make a good living from it. They work long hours and having family in the partnership is a good thing. This allows Aki Ra to take off on Mondays and his brother has Tuesdays off. "These are our two slowest nights," he explains.

"My biggest complaint is the government," he shared. "When we first opened up, we were surrounded with regulations. Every government agency needed to inspect us. We had an electrical inspector, a building inspector, the fire marshal, health inspector, plumbing inspector and more. We had to pay all kinds of fees, get approval from the historic commission, and the building commission. We also had to pay taxes on everything we purchased. I still don't understand why I pay taxes on all my tables, chairs, bottles of liquor and machinery.

Она работает волонтером в реабилитационном центре при доме престарелых, в государственных школах, в центрах помощи детям из неблагополучных семей. Она также работает медсестрой в местной больнице.

Я спросил ее о религиозных убеждениях. Она сказала, что была воспитана как буддистка, но мало что из этого помнит. В лагере для беженцев ее учили быть Баптисткой. Ее муж был воспитан в католической вере, но думает, что он скорее протестант. Еженедельно он ходит с ней на служения в Баптистскую церковь. Сенсована говорит: «Мне трудно сказать, кто я, но я безусловно верю в Бога».

Брат Сенсованы тоже неплохо показал себя. Около 19 лет назад вместе с другим своим братом он открыл ресторан камбоджийской/вьетнамской кухни в городе Александрия, штат Вирджиния. Ресторан очень популярен, и они хорошо зарабатывают. Рабочий день для них длится очень долго, и поэтому хорошо, что партнеры – родственники. Это дает возможность Аки Ра брать выходные по понедельникам, а брата отпускать на выходной во вторник. Он объяснил: «В эти вечера у нас меньше всего посетителей».
«Самая моя большая жалоба – это на правительство», - поделился он. – Когда мы только открылись, нас буквально обложили нормативно-правовыми актами. Все государственные агентства начали нас инспектировать. Пришел инспектор по электричеству, инспектор по зданию, по противопожарной безопасности, по здравоохранению, по канализации и т.д. Нам также нужно было платить налоги на все, что мы приобретали. Я все еще никак не пойму, почему я плачу налоги за свои столы, стулья, бутылки с алкоголем и кухонные машины.

I paid sales tax when I bought them and the government still decides to tax them as property every year. I have to withhold an entertainment tax (sales) from my customers and keep a copy of every customer check.   I have to track all the tips my wait staff receives and report that to the government as well.   There is withholding tax and projected income tax; both state and federal. I need an accountant and a lawyer to igure out all of these complicated regulations. I do not believe the government is friendly to small businesses."

Sensovana's Story

I went to interview Sensovana at a modest town house near Washington, D.C. The townhouse had three bedrooms, and a dining room, office, kitchen and two bathrooms. They also had a deck in the rear part of the house with a nice view of other townhouses. Present at the interview was Sensovana, her husband Ted, and her brother Aki Ra. As we sat and enjoyed some tea around the table, I began the interview. I first asked why there were so many rich people in America. Sensovana and her brother both responded that," it depends on what you want to call rich." From their perspective, America is a very rich county. "The store shelves are full of products; people have money and can buy what they want within reason. When you have been through what Sensovana and I have," said Aki Ra, "Everything in America looks rich.

Я заплатил налог с покупки, когда приобретал все это, а правительство ежегодно снова обкладывает все это налогами, теперь уже как мою собственность. Мне приходится удерживать со своих клиентов налог на развлечения и хранить копии всех чеков. Я должен следить за всеми чаевыми, которые получают мои официанты, и за них тоже отчитываться перед правительством. Я плачу налог на прибыль и налог на прогнозируемую прибыль как в федеральный бюджет, так и в бюджет штата. Мне нужно содержать бухгалтера и юриста, чтобы разобраться во всех этих сложных правилах. Я не думаю, что правительство создает благоприятную среду для малого бизнеса».

История Сенсованы

Разговор с Сенсованой состоялся в скромном городском доме, неподалеку от города Вашингтона, Округ Колумбия. В доме три спальни, столовая, кабинет, кухня и две ванных комнаты с туалетами. Позади дома была веранда, откуда открывался хороший вид на другие дома. На интервью вместе с Сенсованой присутствовали ее муж Тед и ее брат Аки Ра. Когда мы пили чай за круглым столом, я начал задавать свои вопросы. В начале я спросил, почему в Америке так много богатых людей. И Сенсована и ее брат сказали: «Все зависит от того, кого вы называете богатыми». С их точки зрения, Америка – очень богатая страна. – «Полки в магазинах ломятся от продуктов, у людей есть деньги и они могут покупать, все что хотят, конечно, в разумных пределах. Когда переживешь то, что пережили мы с Сенсованой, - сказал Аки Ра, - то все в Америке выглядит богатым.

In fact, if I had to be poor, this is the best country to do it in." Ted agreed as well, however he reminded me that college professors and school teachers are not generally paid a lot of money in America. "If you want to make money," he quipped, "become a professional athlete or a politician." With that remark, we all laughed.

I then asked what they like to watch on television. Both Aki Ra and Ted immediately responded that football and baseball are watched quite often in their households. In fact, one of the reasons that Aki Ra is off on Mondays is because of Monday night football. Ted and Aki Ra are both fans of the New England Patriots (football team from Massachusetts.). Even though they live in the Washington metropolitan area now, they feel a need to support the team from their pervious region of the country. "I love watching football or baseball on my large screen television," Ted stated. "We watch it in the back kitchen when the restaurant is not very busy," stated Aki Ra. Sensovana on the other hand wants to see shows and movies with happy endings. She says that there has been enough tragedy in her life and seeing it on television is not entertainment for her.

I then asked what they thought about Russians. Sensovana's reaction was both immediate and clear. "I hate all communists," she said. "They devastated my people and brought pain and misery to many. That is not just Russians, but any kind of communists. They brought their ideology and their weapons to our country, I can never forgive them."

На самом деле, если бы мне пришлось быть бедным, то я бы предпочел быть бедным в Америке». Тед с этим согласился, однако он напомнил мне, что зарплаты университетских профессоров и школьных учителей в Америке, как правило, довольно скромные. – «Если хочешь заработать много денег, становись профессиональным спортсменом или политиком». Это его замечание у всех вызвало смех.

Затем я спросил, что они любят смотреть по телевизору. И Аки Ра и Тед сразу сказали, что в их семьях часто смотрят футбол и баскетбол. На самом деле еще одна причина, по которой Аки Ра берет выходной в понедельник, – это футбол по вечерам в понедельник. И Тед и Аки Ра – оба болеют за Нью Ингланд Пэтриотс (футбольная команда штата Массачусетс). Хотя они уже переехали в пригород Вашингтона, они считают, что должны болеть за команду из того места, где они жили раньше. Тед сказал: «Очень люблю смотреть футбол или бейсбол на большом экране своего телевизора. «Когда в ресторане немного посетителей, мы смотрим телевизор на кухне», – сказал Аки Ра. Сенсована, с другой стороны, любит смотреть шоу и кинофильмы со счастливым концом. Она сказала, что в ее жизни было много трагического, и смотреть на несчастья по телевизору она не считает развлечением.

Затем я спросил, что они думают о русских. Реакция Сенсованы была быстрой и определенной: «Я ненавижу всех коммунистов. Они погубили мой народ и принесли так много горя и несчастий. Это касается не только русских, но коммунистов вообще. Они принесли в нашу страну свою идеологию и свое оружие, я не смогу их когда-либо простить».

Ted, in a calming voice said, "You can't blame all Russians for the action of a number of people declaring themselves as communists. In fact, many of the people following the communist Ideology were not even Russian. I understand your pain, and we have had this discussion before. You really need to forgive."

Sensovana acknowledged that her husband was probably right. However, she felt that it is difficult for her to distance herself from such deep emotions. There was a silent pause for about a minute. During that time I noted that Aki Ra put his arm around his sister to comfort her. The silence was broken when Aki Ra mentioned that there was a nice Russian couple who ate at his restaurant every week. "They are a nice enough couple," he noted. "I really enjoy talking to them. They are as American as you and I." Ted also noted that Russians have fared well in the Olympics and they are very good at ice hockey. He also mentioned he loved listening to the music of the Trans-Siberian orchestra around Christmas time.

I asked what they might want to happen to them in the future to make things better. Both Sensovana and Aki Ra acknowledged that things are better. They had no wishes for themselves, but hoped that their children would be prosperous and healthy. Aki Ra has just become a grandfather and we got on the subject of how wonderful grandchildren can be. Sensovana's first daughter is not yet married. Somewhere in our conversation, we mentioned the need for all peoples of the world to live in peace and be happy. I believe it was Ted who raised his glass of juice for a toast to everyone's good health and peace in the world.

Тед сказал примирительным тоном: «Нельзя же обвинять всех русских за поступки группы людей, объявивших себя коммунистами. Многие последователи коммунистической идеологии даже не были русскими. Я понимаю твою боль, и мы говорили об этом раньше. Тебе нужно простить». Сенсована признала, что, скорее всего, ее муж прав. Однако она чувствовала, что ей еще трудно дистанцироваться от таких глубоких эмоций. На минуту воцарилась тишина. Я обратил внимание, что Аки Ра в этот момент приобнял сестру, чтобы ее утешить. Тишину нарушил Аки Ра и сказал, что знает хорошую русскую пару, которая приходит к ним в ресторан каждую неделю. «Они симпатичная пара, – заметил он, – мне очень нравится с ними разговаривать. Они такие же американцы, как и мы с тобой». Тед также отметил, что русские хорошо себя показали на Олимпийских играх и хорошо играют в хоккей на льду. Он также сказал, что под Рождество любит слушать музыку в исполнении Транс-Сибирского оркестра.

Я спросил, каких событий они ждут от будущего, чтобы их жизнь стала лучше.Сенсована и Аки Ра сказали, что «лучше» - это сейчас. Для себя они ничего не хотят, но надеются, что их дети будут благополучны и здоровы. Аки Ра только что стал дедушкой, и мы продолжили тему о том, как прекрасны внуки. Старшая дочь Сенсованы еще не замужем. В какой-то момент нашего разговора мы признали, что всем людям нужно жить в мире и быть счастливыми. По-моему, Том поднял свой бокал с соком и провозгласил тост за здоровье всех и мир во всем мире.

I really enjoyed my conversation with Sensovana and her family. It was the first time I met her brother and husband. I also appreciated that they let me in their home and gave me an honest and frank interview. I felt very refreshed after our meeting.

Sociological Analysis

Some may argue that telling Sensovana's story is not really a good representation of true American thinking and being. After all, she and her family are immigrants. I would argue that there are two reasons why that would not be a correct assumption. First has to do with the changing demographics of America. Recent statistics from the census bureau reveal that only 25 percent of population growth is due to fertility rates of natural born citizens of America. It would appear that about 75 percent of population growth can be accounted for by immigration and the birth of second generation immigrant children. Clearly, Sensovana and her family qualify as longtime residents of the United States and have and hold full citizenship. Second, in sociology there is a theory called cultural transmission. The idea is that ethnicity and the associated culture is contagious. If we live long enough within a culture, its language, values, ideas, and beliefs are adopted by us and we slowly lose our native culture. While Sensovana and her family racially appear to be Cambodian, their speech, mannerisms and ideas are truly American. Moreover, not to poll them as part of our research would provide us with an inaccurate representative sample of American thinking. Interestingly, Sensovana's sons do not speak the Khmer language.

Мне очень понравилось общение с Сенсованой и ее семьей. Я раньше не был знаком с ее братом и мужем. Я также ценю, что они пригласили меня к себе домой и честно и искренне ответили на мои вопросы. После нашей встречи я почувствовал себя обновленным.

Социологический анализ

Мне можно возразить, что история Сенсованы не может представлять истинно американский менталитет и образ жизни. В конце концов, и она, и члены ее семьи – эмигранты. С этим я поспорю, поскольку есть две причины, доказывающие мою правоту. Первая имеет отношение к меняющейся демографии Америки. Последние статистические данные от бюро переписи говорят о том, что естественный прирост населения за счет рождения детей от граждан США дает только 25 процентов. Остальные 75 процентов прироста дает эмиграция и рождение детей в семьях эмигрантов. Ясно, что Сенсована и ее семья как раз и являются давними жителями Соединенных Штатов и полноправными гражданами. Вторая – в социологии есть теория, называемая культурной трансмиссией. Ее суть в том, что этничность и связанная с ней культура заразительны. Если мы долго живем в какой-то культуре, то постепенно усваиваем ее язык, ценности, верования и идеи, а свою родную культуру постепенно утрачиваем. Хотя Сенсована и ее семья – Камбоджийцы, представители азиатской расы, их речь, поведение, мысли истинно американские. Более того, если бы мы не включили их в наше исследование, то получили бы не вполне достоверную картину американского менталитета. Интересно, что дети Сенсованы не говорят на языке кхмеров.

When their grandmother was still alive and they were young, they probably knew a few words. However, since her death, no one uses it. Further, it is not spoken around the house or at school and over time the family abandoned the language. In fact, if someone would address them in Khmer, I think they would be as confused as any American citizen would be in terms of understanding.

I am reminded of a story of Kristi Yamaguchi. She was an American figure skater who won the 1992 Olympic gold medal in ladies' singles. A reporter at the time complimented this Japanese looking girl on her marvelous command of the English language. As a third generation American, it was a strange observation for her to hear. Her parents were born in the United States, as well as her siblings. Her parents did speak some Japanese when Kristi was a small child, however it was never really directed at her. Overtime, the use of the language was slowly abandoned by the family. Kristi was a regular American girl who fully subscribed to the icons of the culture. She spoke English, as her first language, with a few words in Spanish she learned from her university classes. I suppose that is why she was mystified by the question.

Another thing about American English language is that it has regional accents. It is not spoken the same in all parts of the country. The Bostonian accent has a very distinctive accent and one of the most recognizable accents in the United States. Often they seem to drop the letter "r" such as the word car and pronounce it "cah." People from Chicago have their own accent as well and they generally speak with a more nasal sound than the rest of the country. There are southern accents, where they seem to slow the language down and New York accents where they seem to speed it up.

Пока была жива их бабушка, а они были маленькими, они, вероятно, знали несколько слов. Однако после ее смерти, никто уже не говорит на этом языке. Даже если бы кто-то заговорил с ними на кхмерском языке, думаю, они так ничего бы не поняли, как и любой другой американец.

Это мне напоминает историю Кристи Ямагучи. Она была американской фигуристкой, которая в 1992 году завоевала Олимпийскую медаль в женском одиночном катании. Один из журналистов сделал этой, похожей на японку, девушке комплимент по поводу ее замечательного владения английским языком. Она была американкой в третьем поколении, поэтому его наблюдение показалось ей очень странным. Ее родители были рождены в Соединенных Штатах, также как ее братья и сестры. Когда Кристи была ребенком, родители между собой немного говорили по-японски, но не в общении с ней. Со временем использование японского языка в семье постепенно прекратилось. Кристи была обычной американской девушкой, полностью сформированной иконами этой культуры. Английский был ее родным языком, на занятиях в университете она выучила всего несколько слов на испанском. Вот почему вопрос ее так смутил.

Следует также сказать, что в американском английском очень сильны региональные различия. Во всех частях страны говорят по-своему. Бостонский акцент очень ясен и легко узнаваем в Соединенных Штатах. Часто кажется, что они опускают букву «Р», так слово car произносится "cah." В Чикаго народ говорит со своим акцентом, обычно в их речи больше носовых звуков, по сравнению с другими районами страны. На юге говорят, растягивая речь, как бы замедляя ее, а в Нью Йорке такое впечатление, что речь ускоряют.

Many people immigrating to America have complained about the Texas accent and not being able to understand Texans. I say, "Welcome to the club" (everyone is already in agreement with what you are saying.) In truth, even native speakers have trouble understanding the Texas accent. In fairness to Texas, I would also note that beyond the heavy accent, Texas is a great state. The largest state in the "lower forty eight" (all states except Alaska and Hawaii,) it contains a major volume of America's natural resources, a friendly people, and some of the best food in the world. Texans often have an independent spirit which is admired by many. On the other hand, the Washington area, where Sensovana and Aki Ra reside, is very "cosmopolitan" (at ease with many different countries and cultures) and so they experience few accent problems. Even Texans, who live in Washington, modify their accents after living in this Metropolitan area for some time.

Многие из тех, кто эмигрировал в Америку, жалуются на техасский акцент и на то, что они не понимают техасцев. На это я говорю: «Добро пожаловать в клуб» (все уже давно согласны с тем, что вы говорите). Правду сказать, даже те, для кого английский родной, с трудом понимают техасский акцент. Чтобы быть справедливым в отношении Техаса, скажу, что во всем остальном, кроме акцента, это замечательный штат. Это самый большой по площади штат из сорока восьми (не считая Аляску и Гавайи), там находится большое количество природных ресурсов Америки, дружелюбный народ и одна из самых лучших кухонь в мире. Независимый дух техасцев – предмет восхищения для многих. С другой стороны, пригороды Вашингтона, где живут Сенсована и Аки Ра, очень космополитичны (легко устанавливают связи с разными странами и культурами), поэтому проблем с акцентом там не бывает. Даже у техасцев, которые живут в Вашингтоне какое-то время, меняется произношение.

Conclusions

Common Threads

Americans generally believe that the government is ineffective in dealing with the problems of the day and many have lost trust in the government. A Gallup and Harris poll conducted in 2007 raised the question, "what percentage of Americans trusts their government always or most of the time?" An analysis of the results revealed a change in American thinking from 1958 to 2007. Further, listening to the news, combined with economic downfalls, and a number of perceived misjudgments on the part of government, few would be surprised if that trust is at 20 percent currently.

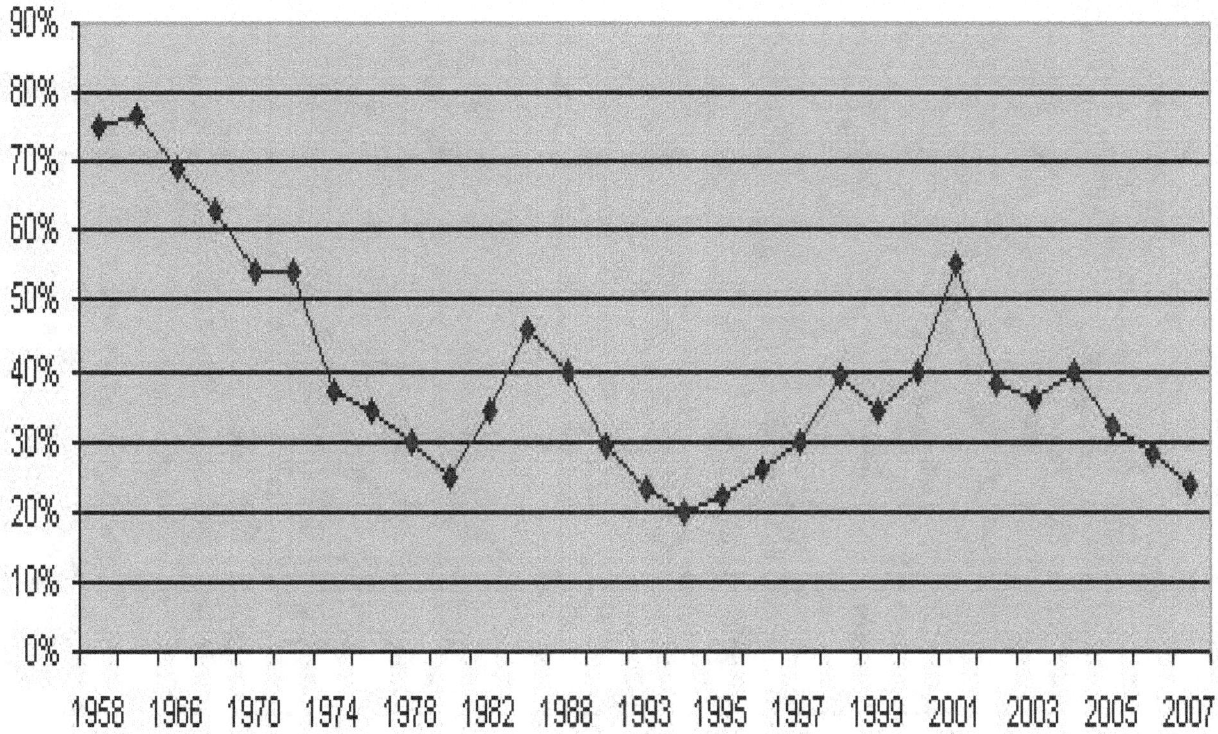

Выводы

Общие нити

Американцы в целом считают, что правительство является неэффективным в решении проблем сегодняшнего дня и многие из них потеряли доверие к правительству. Опросы Гэллапа и Харриса, проведенные в 2007 году, поставили вопрос: «Какой процент американцев доверяют своему правительству всегда или в большинстве случаев?» Анализ результатов выявил изменение американского мышления, происшедшие с 1958 по 2007 год. Кроме того, слушая новости, отражающие экономические обвалы и ощутимые просчеты со стороны правительства, мало кто был бы удивлен, если бы это доверие в настоящее время находилось на уровне 20 процентов.

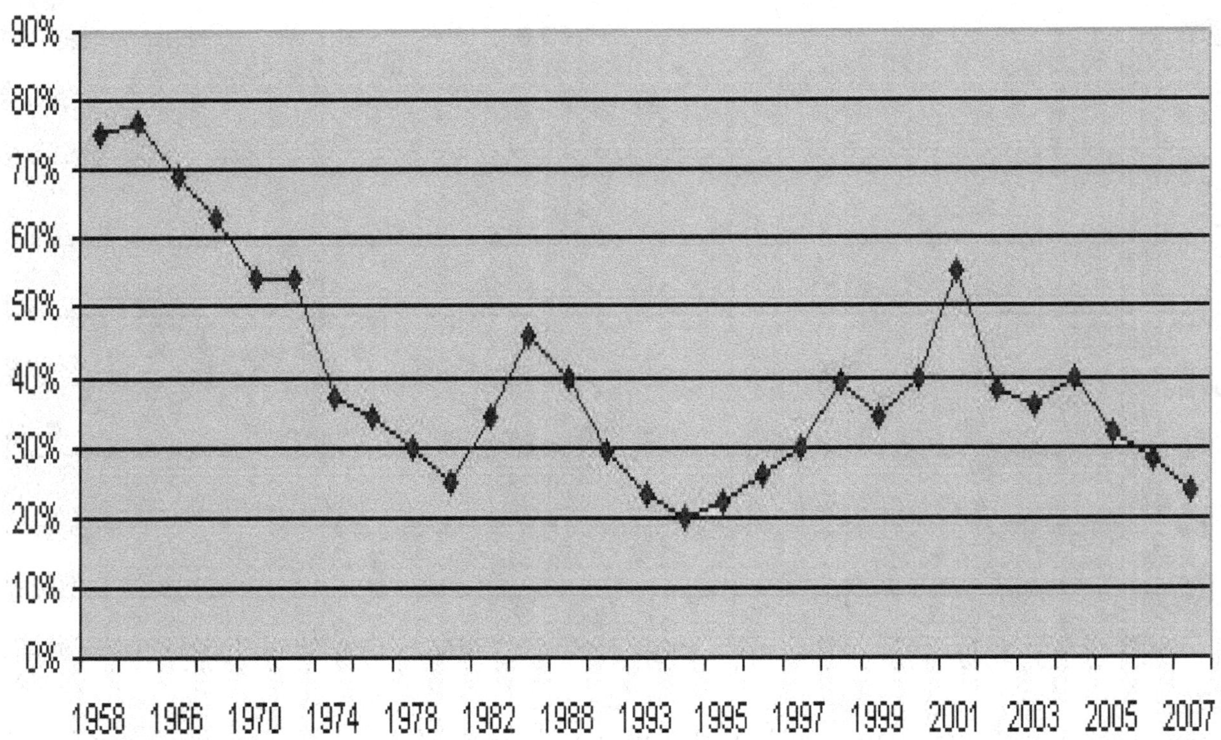

On the other hand, most Americans love their country and would defend it against any outside threat. Notice the upturn spike in our graph when an act of terrorism in 2001 threatened the American people. Citizens automatically were looking to the government for answers and a response to the incident. I would also add that one of the great American pastimes is to complain about the government. Often government officials bear the brunt of humor and a degree of disrespect. However, I believe that this attitude of being outspoken about the failures of government is the average American's way of exercising their freedom of speech. Americans enjoy complaining about government and it is a fairly accepted practice by their fellow citizens. To the best of my knowledge, these comments are not meant to incite rioting in the streets or calling for a revolution to overthrow the government. There is an old adage by the American Author Mark Twain, which I think best describes what I am saying. Twain said, "Loyalty to country ALWAYS. Loyalty to government, when it deserves it."

Further, American military service personnel are held to high esteem and praise. A recent trend seems to be a great deal of honor and respect for soldiers returning from Afghanistan or Iraq. The favorite statement is, "we thank you for your service." Private organizations that provide services for veterans seem to get a lot of economic and emotional support from the general public.

С другой стороны, большинство американцев любят свою страну и будет защищать ее от любой внешней угрозы. Обратите внимание на резкий скачок в нашем графике, когда террористический акт в 2001 году стал угрозой для американского народа. Граждане автоматически ждали от правительства ответов и откликов на инцидент. Я хотел бы также добавить, что жаловаться на правительство – одно из любимых времяпрепровождений у американцев. Часто правительственные чиновники становятся объектом юмористических нападок, к ним проявляется определенное неуважение. Тем не менее я считаю, что возможность открыто говорить о неудачах правительства является для среднего американца способом осуществления своих прав на свободу слова. Американцам нравится жаловаться на правительство, для наших сограждан – это общепринятая практика. Насколько мне известно, эти комментарии не предназначены для разжигания беспорядков на улицах и не призывают к революции с целью свержения правительства. Существует старое изречение американского писателя Марка Твена, который, я думаю, лучше всего выразил то, о чем я говорю. Твен сказал: «Верность стране – ВСЕГДА. Лояльность по отношению к правительству – когда оно этого заслуживает».

Далее, американские военнослужащие пользуются большим уважением, ими гордятся. Недавно наметилась тенденция, когда солдатам, возвращающимся из Афганистана или Ирака, воздается большая честь и уважение. Любимой стала фраза: «Мы благодарим вас за вашу службу». Частные организации, которые предоставляют различные услуги ветеранам, получают большую экономическую и эмоциональную поддержку со стороны широкой общественности.

However, the current situation in the Veterans Administration, run by the Federal government, is appalling to most Americans. Waiting times for service at VA hospitals are unacceptable and the bureaucratese of how the Veterans Administration has treated previous service people is of great concern to many Americans.

Whenever I hear the statement, "Thank you for your service," I am reminded of the Vietnam era. Returning soldiers in the 1970's were greeted with jeers and negative comments such as "baby killers and murderers" because of the unpopular Vietnam War. When they got home, they could not wait to take off their uniform and blend into the crowd. An interesting point is that many who served during that time were drafted into the service, and did not want to enter the service in the first place. This is in contrast with the all-volunteer army serving today. Many Vietnam veterans, forty years later, still harbor negative feelings for the time and some still deal with post-traumatic stress disorder. (- a condition of persistent mental and emotional stress occurs as a result of psychological shock such as a difficult military experience.) PTSD is now considered a number one concern for veterans returning from Afghanistan and Iraq. It is one of the reasons why the Veterans Administration is seeing increased demands for health services.

Тем не менее нынешняя ситуация в Администрации ветеранов (она находится в ведении федерального правительства) представляется большинству американцев неприемлемой. Ветераны вынуждены подолгу ждать госпитализации в специализированных медицинских учреждениях. У многих американцев вызывает большую озабоченность бюрократизация взаимоотношений Администрации с бывшими военнослужащими.

Всякий раз, когда я слышу заявления типа «Спасибо за вашу службу», я вспоминаю эпоху Вьетнама. Солдат, вернувшихся в 1970-х годах, встретили насмешки и негативные комментарии, их называли убийцами и детоубийцами. Война во Вьетнаме была непопулярной. Вернувшись домой, они поспешили сбросить форму и смешаться с толпой. Интересно отметить, что многие, кто служил в это время, были срочно мобилизованы на военную службу, их служба не была добровольной. Это совершенно противоположно тому, что мы имеем сегодня – вся армия состоит из вольнонаемных людей. Многие ветераны Вьетнама, сорок лет спустя, по-прежнему питают негативные чувства к тому времени, а некоторые до сих пор имеют дело с посттравматическим стрессовым расстройством. (СПЭС - состояние стойкого психического и эмоционального стресса, возникающее в результате психологического шока, такого, например, как тяжелый военный опыт.) СПЭС в настоящее время считается проблемой номер один для ветеранов, возвращающихся из Афганистана и Ирака. Это одна из причин, почему Администрация ветеранов предъявляет повышенные требования к медицинскому обслуживанию.

In spite of their dissatisfaction with government, most Americans not only love their country, but love the region of the country in which they reside. There are nicknames (endearing terms) for the cities such as New York, "The Big Apple;" New Orleans, "The Big Easy;" Chicago, "The Windy City;" Los Angeles, "The City of Angels;" and Dallas, Texas is "The Big D." Many have baseball and football franchises and these franchises reflect as well the patriotism and loyalty to the city. All fifty States have patriotic slogans which represent their economy, history, and/or people with great pride. For example, Florida, "the Sunshine State;" Montana, "Big Sky Country;" Wisconsin, "the Dairy State; and of course, Delaware, "The First State."

Another common thread is that Americans eat out very often: According to Trent Hamm, in his book <u>365 Ways to Live Cheap</u>, the average American eats 4.2 commercially prepared meals per week. Translated into money, the average American spends $232.00 per month eating meals prepared outside the home. This may seem like a large number, however many people who work, particularly those in the upper class and middle classes, do not bring their lunch to work. Eating out is a normal thing for most of these workers and in some cases much gets accomplished during a business lunch.

Несмотря на недовольство правительства, большинство американцев не только любят свою страну, но любят регион страны, в котором проживают. Есть прозвища (ласкательные) для таких городов, как Нью-Йорк – «Большое яблоко», New Orleans – «Все легко!», Чикаго – «Город ветров», Лос-Анджелес – «Город Ангелов» и Даллас штата Техас – «Большой D». Многие из них имеют бейсбольные и футбольные франшизы; эти франшизы отражают патриотизм и преданность своим городам. Все пятьдесят штатов имеют патриотические слоганы, которые с большой гордостью говорят о своей истории, экономике и людях. Например, слоган штата Флорида – «Государство Света», штата Монтана – «Страна большого неба», штата Висконсин – «Молочный штат» и, конечно же, штата Делавэр – «Первый штат».

Еще одна связующая нить – это то, что американцы очень часто едят: по словам Трента Хамма, согласно его книге «365 способов жить дешево» средний американец съедает 4,2 коммерчески приготовленных блюда в неделю. В переводе на деньги средний американец тратит $ 232,00 в месяц на еду, приготовленную вне дома. Это может показаться большой суммой, однако многие работающие люди, особенно те, что принадлежат к высшему слою общества и к среднему классу, не берут с собой из дома на работу обед. Питание в кафе и ресторанах – нормальная вещь для большинства из этих работников, и зачастую совместные бизнес-ланчи приносят им большую пользу.

On the other hand, lower class and working class people can be "brown baggers" (bring a prepared lunch from home;) or sometimes their employer provides a lunch, such as in a domestic job. The economics of restaurant industry really reflect the notion of Americans eating out. According to the National Restaurant Association 2014 figures, the industry reflects income of 709.2 billion dollars in sales, with over one million restaurants in America. Moreover, they claim to capture 47 percent of the share of the American food dollar and employ 10 percent of the entire American workforce.

Foods take on a regional rivalry in some cases. For example, Boston is sometimes called "Beantown" claiming the corner on the baked bean market. (Apparently a favorite dish of colonial times was beans baked in molasses) Of course there is also the great pizza controversy. New York claims to have invented American pizza and if you want real pizza, you need to go to New York. On the other hand, Chicago claims that they are the pizza experts. The basic difference in the pizzas is that Chicago has a deep dish style pizza where New Yorkers seem to enjoy a thin style. Over the years there have been many contests to determine whose pizza is best. As of this date, the matter is unresolved. One restaurant chain, who now has locations worldwide, is Pizza Hut. There you can buy both a Chicago style and New York style as you wish.

С другой стороны, представителей низшего класса и рабочего класса часто называют «те, что с коричневыми пакетами» (они приносят в бумажных пакетах приготовленные дома обеды), иногда работодатель обеспечивает их обедами, особенно если они задействованы в быту. На экономике ресторанного бизнеса лучше всего отражается привычка американцев есть вне дома. Согласно данным Национальной ассоциации ресторанов за 2014 год эта индустрия получила доход 709,2 млрд долларов от продаж в более чем одном миллионе американских ресторанов. Более того, ресторанам принадлежит 47 процентов от доли денег, потраченных на произведенную в стране еду, в этой отрасли задействовано 10 процентов всей рабочей силы Америки.

В некоторых случаях блюда разных регионов соперничают друг с другом. Например, Бостон иногда называют "Beantown" («Город бобов»), утверждая, что городу принадлежит известная доля на рынке запеченных бобов. (По-видимому, любимое блюдо колониальных времен были бобы, запеченные в мелассе (патоке). Существует еще, безусловно, большой спор по поводу пиццы. Нью-Йорк утверждает, что изобрел американскую пиццу, и, если вы хотите попробовать настоящую пиццу, вам нужно отправиться в Нью-Йорк. С другой стороны, Чикаго утверждает, что специалисты по пицце живут именно в этом городе. Основное отличие в том, что пицца в Чикаго имеет толстую корочку теста, а жителям Нью-Йорка, судя по всему, больше нравится тонкая. Уже много лет проводятся конкурсы на лучшую пиццу. На сегодняшний день вопрос окончательно так и не решен. По всему миру известна сеть ресторанов «Пицца Хат». Там вы можете выбрать пиццу либо в стиле Чикаго, либо в стиле Нью-Йорк – как вам больше нравится.

Apparently the chain is smart enough not to mire itself in the controversy and would prefer to enjoy the benefits of revenue from both sides of the matter.

The small town of Chicopee, Massachusetts has gotten into food rivalry by proclaiming that it is the Kielbasa capital of the world. However, if one really wishes to understand food rivalry, you can ask, "Where is the best barbeque?" (Sometimes spelled BBQ, refers to the cooking of meat for a long period of time at low temperatures from a smoking wood fire. Often it is accompanied by a homemade sauce.) It is basically a southern delicacy, however everyone claims they have the best. The four major styles are Carolina, Memphis, Texas and Kansas City.

Besides food, Americans love their sports. The reader may have noted that in previous chapters, characters such as Dr. Weber, Aki Ra, and Kyle all mentioned sports in their interviews. Even the homeless shelter, which is adjacent to where Tomas and Claudia eat, has the community television tuned in during a regular sports game.

American football is the number one sport in the United States. About 70,000 college athletes and 1.1 million high school athletes participate in this game annually. The most popular football league which holds the record of the highest average attendance of any league all over the world is the National Football League (NFL). The annual revenue for this league is about $10 billion.

По-видимому, эта сеть достаточно «умна», чтобы не ввязываться в спор, а пользоваться преимуществами и получать доход с обеих сторон.

Небольшой городок Чикопи, штат Массачусетс, принял участие в пищевой конкуренции, провозгласив себя всемирной столицей польских колбасок. И все-таки, если вы действительно хотите узнать, что такое настоящая конкуренция в еде, то спросите, кто готовит лучшее барбекю. (Иногда используется аббревиатура ББК и имеется в виду длительный способ приготовления мяса при низких температурах на открытом огне из коптящих поленьев. Часто это блюдо сопровождается домашним соусом.) В основном это южный деликатес, однако все претендуют на то, что готовят его лучше других. Существует четыре основных способа (приготовления этого блюда) – способ Каролины, Мемфиса, штата Техас и Канзас-Сити.

Кроме еды, американцы любят спорт. Читатели, возможно, уже отметили, что в предыдущих главах такие персонажи, как д-р Вебер, Аки Ра, и Кайл – все в своих интервью упомянули спортивные состязания. Даже в приюте для бездомных, который находится по соседству с местом, куда Томас и Клавдия заходят перекусить, во время очередной спортивной игры всегда включен телевизор.

Американский футбол является спортом номер один в Соединенных Штатах. Около 70 тысяч спортсменов колледжа и 1,1 миллиона атлетов средней школы ежегодно принимают участие в этой игре. Самая популярная футбольная лига, которая держит рекорд по самой высокой средней посещаемости среди лиг во всем мире, является Национальная футбольная лига (НФЛ). Годовой доход этой лиги составляет около $ 10 млрд.

They average 67,604 fans per game and millions more watch the games on television. The Super bowl championship game had a reported 114.4 million viewers in 2015.

The second most popular sport is baseball, sometimes called the "national pastime." Also a multi-billion dollar business, games attract fan numbers similar to that of football.

Americans are so passionate about their sports that they will purchase billions of dollars in promotional items, travel hours to attend a game in another city, have themselves tattooed with the insignia of their favorite team, or even engage in fisticuffs (a fight) with a rival fan. I have heard American women complain that they are football or baseball widows. Even though their husband is in the room, he is so engaged in the game, he is unaware of the fact that life is still going on around him. My general advice to women on this matter is if you love him, bring him his beer and pretzels and save important family decisions until after football season. The next three most popular sports in order would be basketball, hockey and soccer.

America has many other sports, but they don't garner the attention of the top five. Both golf and tennis are popular. However, they tend to be more middle and upper class oriented. A lot of it might have to do with the expense. Football, baseball and basketball require only a ball and/or bat which is a minimal cash outlay. Whereas buying a new tennis racket or golf clubs could cost considerable money. Also there is the expense of "court time" or "tee time" (Golf course usage.)

В среднем одна игра собирает 67,604 болельщиков и миллионы следят за игрой по телевизору. За играми СуперКубка в 2015 по телевизору следило114,4 миллиона зрителей.

Второй самый популярный вид спорта – бейсбол, его иногда называют "национальным времяпрепровождением." Это тоже многомиллионный бизнес: бейсбол привлекает такое же число числа фанатов, как и футбол. Американцы настолько увлечены своими видами спорта, что они тратят миллиарды долларов на покупку рекламной продукции, отдают много времени для поездок на игры в других городах, наносят татуировки с символикой любимой команды или даже участвуют в кулачных боях (драках) с фанатами других команд. Я слышал, американские женщины жалуются на то, что они являются футбольными или бейсбольными вдовами. Даже если муж в комнате, он так занят игрой, что даже не отдает себе отчет в том, что рядом с ним еще что-то происходит. Мой общий совет женщинам по этому вопросу таков: если вы любите его, принести ему пиво и чипсы и приберегите решение важных семейных дел до окончания футбольного сезона. Следующие три самых популярных видов спорта по порядку – это баскетбол, хоккей и европейский футбол.

В Америке есть много и других видов спорта, но они не попадают в первую пятерку. Пользуются популярностью и гольф, и теннис. Тем не менее они имеют тенденцию быть больше ориентированными на средний и высший классы. Во многом это, возможно, связано с расходами. Для футбола, бейсбола и баскетбола нужен только мяч и / или бита, затраты на которые минимальны. В то время как покупка новых теннисной ракетки ли клюшки для гольфа будет стоить немалых денег. Также нужно платить за время на гольф-корте и «чаепитие» во время игры в гольф.

What is also interesting is that sports like bowling or pool tend to be favored by the working classes. However, there are upper class and wealthy people who have a pool table in their homes. Many change the name to a billiard table. They think it sounds more classy and respectable.

Perhaps the number one concern for most Americans is economics. We see this represented in all of the stories of this book. Tomas is concerned with maintaining his job so he can get that weekly paycheck; for Fran, it is her retirement and how she spends her money; Dr. Weber has investments; Nettie has financial concerns for her operation; and the millennial students and Mary have concerns as to future employment. Of course worrying about finances is not only an American issue, it is probably universal in nature. What is unique about America is that the economy is more about debt than money. Thus, it is not how much money you make, but how much you can borrow. If one were to examine the U.S. household consumer debt profile of 2015, one would be surprised to learn that the average credit card debt is $15,706 per household. Moreover, American households owe an average mortgage debt of $156,333 and student loan debt of $32,953. According to Porter Stansberry, "the average student now graduates college with debt equal to his annual starting salary, which would be from $34,000 to $38,000 annually." More people than ever before are financing trucks and automobiles.

Интересно, что такие виды спорта, как боулинг или бильярд, как правило, популярны среди рабочего класса. Однако столы для бильярда есть только в домах обеспеченных людей из высшего слоя общества. Многие придумывают другое имя для бильярдного стола, им кажется, что это звучит более шикарно и респектабельно.

Возможно, забота номер один для большинства американцев – это экономика. Мы видим, что эта тема звучит во всех рассказах в этой книге: Томас обеспокоен сохранением работы, чтобы получать еженедельный доход; для Фрэн – это ее выход на пенсию и то, как она тратит свои деньги; у доктора Вебера есть инвестиции; Нетти заботит, хватит ли ей денег, чтобы содержать свою ферму; студенты, родившиеся в 2000 году, волнуются по поводу будущего трудоустройства. Конечно, беспокоиться о финансах – это не специфически американская черта, она, вероятно, имеет универсальный характер. В чем уникальность Америки так это в том, что здесь это – в большей мере экономика долгов, а не денег. Вопрос вовсе не в том, сколько денег вы зарабатываете, а в том, сколько вы можете взять в долг. Если бы мы изучали бытовой потребительский профиль задолженности на 2015 год, то мы бы с удивлением обнаружили, что средняя задолженность по кредитной карте составляет 15706 долларов на семью. Более того, средний ипотечный долг для американских семей составляет 156 333 долларов, а студенческий кредитный долг – 32 953 долларов. По словам Портера Стансбери, «среднестатистический студент, оканчивающий колледж сегодня, имеет долг, равный его годовой стартовой зарплате, которая составит примерно от 34 000 до 38 000 долларов в год». Все больше людей, чем когда-либо прежде, производят регулярные выплаты за свои грузовые и легковые автомобили.

The latest figures show that Americans owe almost $800 billion dollars in outstanding loans for the vehicles they drive. Debt seems to be the reality of the American lifestyle. In truth, as long as the payments can be made, the average American feels somewhat secure.

Television viewing still maintains its place in American culture. Although down slightly from previous years, Americans view television for approximately four hours and thirty minutes each day. Television viewing is also divided amongst racial lines. For example, African-Americans watch television for 7.12 hours per day while Asians watch 3.14. Whites are somewhere in the middle. Children, it would seem, are the number one users of the television, logging in about 3.5 hours per day and then using the television or their social media for entertainment purposes such as gaming. This indicates that in many households, the television set becomes the babysitter for the child. This is another whole issue which has come up for debate many times in American culture. The interested reader can find a lot of research on this point. As a side note, I would also tell you that 99% of households in America have at least one television. A surprising 65% have three or more in one dwelling. Even the most poverty stricken of the population has a television set.

One of the questions asked in the interviews was what the interviewee thought about Russians. I found some of the answers to be both humorous and revealing.

Последние данные показывают, что за американцами числится почти 800 миллиардов долларов задолженности по кредитам на приобретение транспортных средств. Кажется, долги – это реальность американского образа жизни. На самом деле, пока есть возможность делать платежи, средний американец чувствует себя более-менее надежно.

Просмотр телевизионных передач по-прежнему сохраняет свое место в американской культуре. Несмотря на то, что имеется некоторое снижение по сравнению с предыдущими годами, американцы смотрят телевизор в течение примерно четырех с половиной часов каждый день. Просмотр телепередач также разнится по расовому признаку. Например, афроамериканцы смотрят телевизор 7,12 часов в день, в то время как азиаты – только 3,14. Белые находятся где-то посередине. Создается впечатление, что дети – пользователи телевизора номер один, проводя за ним около 3,5 часов в день, а затем используя телевизор как гаджет для развлекательных целей, например, для игр. Это указывает на то, что во многих домах телевизионный приемник становится няней для ребенка. Это еще один вопрос, который часто является предметом для обсуждения в американской культуре. Заинтересованный читатель может найти много исследований по этому вопросу. Между прочим, я хотел бы также сказать, что 99% семей в Америке имеют, по крайней мере, один телевизор. Удивительно, но 65% имеют три или более телевизора в одном жилище. Даже самые малообеспеченные слои населения имеют телевизор.

Одним из заданных в ходе интервью вопросов был вопрос о том, что опрашиваемые думали о русских. Оказалось, что некоторые ответы и показательны, и демонстрируют чувство юмора.

I believe the main reason for such responses has to do with lack of information. As discussed earlier in this book, Americans don't travel as frequently overseas as they do locally or into Mexico, Canada or the resort islands. As a result, they are not exposed to Russian or eastern European culture. Much of what they learn about Russia comes from the news media, rumor, or from an occasional friend who has travelled to Russia and knows all about it. In truth, many of these travelers were on a tour and spent a few days in St. Petersburg and Moscow. The only contact they have made with Russians is the tour guide who is working to make sure they have a good time and hoping for a nice gratuity. I am always amazed how that returning American suddenly becomes an expert on Russia. We just know so little about each other.

Last week, after giving a guest lecture at Kuban State University in the city of Krasnodar, I was asked by two Russian students "why do Americans hate us?" Interestingly enough, I was asked the same question in America four weeks earlier during a talk I gave on Russian culture. A student asked me, "Why do Russians hate us?" My only conclusion is that both countries are suffering from severe lack of information. In my experience, I have found that Americans have more in common with the Russians than they do with some of the other nations of Western Europe. Russians and Americans are both a kind and generous people. If we can find ways to foster greater understanding of one another, the future for both countries will be more peaceful and positive.

Я считаю основной причиной таких ответов отсутствие информации. Как уже говорилось ранее в этой книге, американцы не так часто отправляются в путешествия за океан, чаще всего они путешествуют по своей стране, ездят в Мексику, Канаду или на курортные острова. В результате они мало знакомы с русской или восточной европейской культурой. Многое из того, что они узнают о России, исходит из средств массовой информации, слухов или из рассказов случайного друга, который побывал в России и знает об этом все. На самом деле многие из этих путешественников ездили по туристической путевке и провели несколько дней в Санкт-Петербурге и Москве. Единственный русский, с которым они познакомились – это их экскурсовод, который старается создать самое благоприятное впечатление в надежде на хорошие чаевые. Я всегда удивляюсь, тому, как вернувшиеся из таких поездок американцы вдруг становятся экспертами по России. Мы очень мало знаем друг о друге.

На прошлой неделе, после того как я прочел гостевую лекцию в Кубанском государственном университете в городе Краснодаре, два русских студента задали мне вопрос: «Почему американцы ненавидят нас?» Примечательно, что четырьмя неделями раньше, во время беседы о русской культуре, точно такой же вопрос мне задали в Америке. Студент спросил меня: «Почему русские ненавидят нас?» Мой единственный вывод заключается в том, что обе страны страдают от серьезного недостатка информации. Мой опыт убеждает меня, что американцы имеют больше общего с русскими, чем с некоторыми другими народами стран Западной Европы. И русские и американцы – добрые и щедрые люди. Если мы сможем найти пути содействия более глубокому пониманию друг друга, будущее для обеих стран будет более спокойным и позитивным.

Another common thread is that Americans will contribute to a charitable cause with both money and energy when they become aware of the need. As was mentioned in the chapter on the new millennials, an American's sense of privacy socially forbids him from delving into another's worries without being invited. It's as if we walk around life with a pair of social "blinders" (used on horses to block peripheral vision so they see only straight ahead) on our heads. We look, but we do not see. Of course there are people in American society, just like in any other society, who are sensitive to others and might ask the question, in a caring way, "Are you all right?" However, when we do this, we do so at the risk of making a social faux pas (mistake.)

In reality, most Americans are not that observant and almost seem oblivious to the problem. However, once they are notified and perceive it as a way to help, their loyalty and energy to solve the problem for the person in need comes forward quickly. We saw this in the case where one of the Bingo players got cancer. The rest of the bingo players started providing dinners and emotional support. I have seen a television station identify a situation such as a child needing an operation, or for that matter, even a dog. In a very short period of time, help seems to come from many places, including perfect strangers. Americans can become very emotional when a friend or even a stranger's tragedy is embraced.

Еще одна общая нить: американцы будут жертвовать на благое дело, вкладывая и деньги, и силы, если они увидят, что в этом есть необходимость. Как уже было сказано в главе о рожденных в 2000, чувство личного пространства (приватности) запрещает американцу вмешиваться в частную жизнь других людей, если его об этом не попросили. Это, как если бы мы ходили по жизни с парой социальных «шор» (шоры используются для лошадей, чтобы блокировать периферическое зрение, таким образом они видят только то, что непосредственно впереди) на голове. Мы смотрим, но не видим. Конечно, в американском обществе, как и в любом другом, есть люди, которые более чувствительны к другим и, выражая заботу, могут спросить: «У вас все хорошо?» Тем не менее, когда мы действуем таким образом, мы рискуем поступить социально бестактно (ошибиться).

На самом деле большинство американцев не так уж наблюдательны и почти не обращают внимание на эту проблему. Однако, как только их приглашают к участию, и они узнают, что есть способ оказать помощь, то немедленно проявляют готовность помочь попавшему в беду человеку. Мы видели это в случае, когда один из игроков Бинго заболел раком. Остальные игроки в бинго начали приносить ему обеды и оказывать эмоциональную поддержку. Я был свидетелем, когда по телевидению объявили о нуждающемся в операции ребенке; бывали даже случаи, когда требовалась операция для собаки. За очень короткий период времени, помощь стала приходить из разных мест, в том числе совершенно от незнакомых людей. Американцы могут очень эмоционально реагировать, когда речь идет о трагедиях, происходящих с другими людьми.

They respond by searching for positive solutions, offering prayers (if they are religious,) and most of all, attempting to maintain a belief that their intervention has helped the other person reach a positive conclusion.

Finally, I believe the last common thread to be discussed is the "American Dream." Many seem to think that the American Dream centers on the idea that one can come here, work hard and be successful. I am sure that Sensovana and her family can testify to that notion. In truth, there are a number of definitions as to what is the reality of the American Dream. I think that Tomas believes in it and truly feels that things will "turn around" (get better) for him. Dr. Weber feels that he and his family are living the American Dream. And, for the most part, the students have a positive sense for their future and dreams of having a meaningful life. For me and many others, it is the notion of having the freedom to pursue personal goals, whatever they may be. Many times we actually believe we can do whatever we attempt.

And so dear reader, I hope that this work has provided you with a clearer understanding of American thinking and being. America nurtures an optimistic spirit and a sense of individualism. I am often asked, "Why are Americans always smiling?"

Они отвечают путем поиска положительных решений, предлагая молитвы (если они верующие люди), а больше всего – стараются поддерживать веру в то, что их вмешательство помогло другому человеку прийти к положительному решению вопроса.

И, наконец, я считаю, что последняя общая нить – это обсуждение «американской мечты». Многие считают, что американская мечта сосредотачивается на мысли о том, что можно приехать сюда, упорно работать и достичь успеха. Я уверен, что Сенсована и ее семья могут засвидетельствовать, что понимают это именно так. На самом деле существует целый ряд определений того, что такое американская мечта. Я думаю, что Томас верит в нее и действительно чувствует, что все для него «обернется» наилучшим образом. Доктор Вебер считает, что он и его семья своей жизнью воплощают американскую мечту. Студенты, по большей части, верят в свое будущее и мечтают, что их жизнь будет иметь смысл. Для меня, как и для многих других, смысл жизни – это быть свободным на пути к достижению своих личных целей, какими бы они ни были. В действительности зачастую мы считаем, что можем сделать все, что ни попытаемся.

И вот, дорогой читатель, я надеюсь, что эта работа дала вам более четкое понимание американского менталитета и образа жизни. Америка лелеет свой оптимистический дух и чувство индивидуализма. Меня часто спрашивают: "Почему американцы всегда улыбаются?"

Of course, we are not always smiling, but we are easy to identify by our walk and often that curious expression on our faces. It is not that we feel superior to the rest of the world. It really is about an optimistic spirit and the idea that in spite of all that happens, America is a comfortable place to be and a significant part of our being.

Конечно, мы не всегда улыбаемся, но нас легко узнать по походке и по выражению любознательности на наших лицах. Дело не в том, что мы считаем себя выше остальной части мира. А дело на самом деле в том, что у нас оптимистический дух и мы считаем, что что бы ни происходило, Америка – это комфортная страна для проживания и является значительной частью нашего бытия.

Understanding the Election of Donald Trump

As a postscript to this book, I would like to add the following:

As I travel in Russia and parts of the former Soviet Union, I am always asked how Americans could have elected a man like Donald Trump. Using the knowledge of Americans that the reader has gained from this book, I will try to let you understand how in 2016 Donald Trump became President of the United States and what challenges he might face with this new administration. However, in order to comprehend this event, we must first look at the early history of the man to understand his orientation to life.

Donald Trump was born in 1946 which made him seventy years old when he took the office of the president. He was one of five children and he never attended public school. Until age of thirteen, he was enrolled in the Kew-Forest School. A private, prestigious institution noted for its special attention to its students and a favorite school of wealthy elite at the time. At thirteen, he was enrolled in the New York Military Academy to finish his high school education and to learn self-discipline. He went on to attending Fordham University for two years and graduated from the Wharton School at the University of Pennsylvania with a bachelor's degree in economics. This is the highest academic degree that he holds. He has been married three times and has five children and seven grand-children.

Почему избрали Дональда Трампа

В качестве постскриптума к этой книге я хотел бы добавить следующее:

Когда я путешествую по России и странам бывшего Советского Союза, меня всегда спрашивают, как американцы могли выбрать такого человека, как Дональд Трамп. Опираясь на знания американцев, которые читатель приобрел из этой книги, я попытаюсь объяснить, как в 2016 году Дональд Трамп стал Президентом Соединенных Штатов и с какими трудностями он может столкнуться в этой новой для себя роли. Однако для того, чтобы осмыслить это событие, мы должны сначала обратиться к ранней истории человека, тогда его жизненные приоритеты станут более понятны.

Дональд Трамп родился в 1946 году, когда он занял пост Президента ему исполнилось семьдесят лет. Он был одним из пятерых детей, и никогда не посещал государственную школу. До тринадцати лет он обучался в школе Кью-Форест. Это частное престижное учреждение, известное особым вниманием к своим ученикам, любимая школа богатой элиты того времени. В тринадцать лет, чтобы закончить свое среднее образование и научиться самодисциплине, он был зачислен в Военную академию в Нью-Йорке. Затем в течении двух лет посещал Университет Фордхэма и в конце концов окончил школу Уортона в Университете Пенсильвании со степенью бакалавра по экономике. Это высшая академическая степень, которая ему была присвоена. Он был трижды женат, у него пятеро детей и семеро внуков.

Trump began his career at his father's company (Upstate Rental Houses) in Brooklyn, Queens, and Staten Island, New York. In 1971 he created the Trump Organization. In the late 1980's, he began to lose money but was able to turn the negative cash flow around using the Trump Tower project and other corporations. He understands the "ups and downs" of business and he is successful because he is a risk taker. He owns and has owned corporate stock in major companies' such as Bank of America, Citigroup, Caterpillar, Intel, Johnson & Johnson and Proctor & Gamble. In 1996 he took ownership of the Miss Universe organization. His philosophy is to always think big. He is quoted as saying, "I like thinking big, if you're going to be thinking anything, you might as well think big." For example, he decided to take up the sport of golf. Rather than just play the game, he decided he needed to own a golf course. However, in his thinking, why own one when you can build a better one. Further, where better to build the best golf course in the world then Scotland, the place where golf was born. Thus, he bought the Menie Estate in Balmedie, Aberdeenshire, Scotland and built his golf course there. He thinks big and has the resources to make things happen.

Трамп начал свою карьеру в компании отца (Upstate Rental Houses) в Бруклине, Квинсе и Стейтен-Айленде, Нью-Йорк. В 1971 году он создал «Организацию Трампа». В конце 1980-х годов он начал терять деньги, но смог остановить отрицательный денежный поток с помощью проекта «Башня Трампа» (Trump Tower) и других корпораций. Он понимает «взлеты и падения» бизнеса и он успешен, потому что не боится рисковать. На протяжении долгого времени Трамп владеет корпоративными акциями крупных компаний, таких как Bank of America, Citigroup, Caterpillar, Intel, Johnson & Johnson и Proctor & Gamble. В 1996 году он стал владельцем организации «Мисс Вселенная». Его философия заключается в том, чтобы всегда планировать с размахом. В качестве цитаты приводят его слова: «Мне нравится размах. Если вы собираетесь над чем-то думать, то стройте планы с размахом». Например, Трамп решил заняться спортом – игрой в гольф. Вместо того, чтобы просто играть в эту игру, он решил, что ему нужно стать владельцем поля для гольфа. В полном соответствии со своим мышлением, он делает следующий шаг – зачем покупать готовое, если можно построить лучшее. Где? Конечно же в Шотландии, на родине гольфа! Самое лучшее поле должно быть там, где родился гольф. Таким образом, он купил Поместье Мени (Menie Estate) в Балмеди, Абердиншире, Шотландии и построил там свое поле. У него не только большой масштаб при планировании, но и наличие огромных ресурсов, чтобы воплощать свои замыслы.

Further, he has vast interests and all reflect an instinct to develop a profitable business. The Trump organization has not only interests in Trump Tower and Trump Productions, but has participated in businesses in the financial community, sales and leasing, education, magazines, ice, chocolate, home collections, mortgages, media productions and steaks.

Further, he is a published author and has written at least fifty books. Donald Trump does not drink alcohol because of his older brother's death by alcoholism. He is also a huge fan of the WWE (World Wrestling Entertainment). Whether the rigors of his White House job will allow him to continue his viewing, remains to be seen. He is a firm believer in luck. In spite of his business skills and instinct, he believes that luck plays a large part of your success. I would also submit that he has an instinct and is a master of timing. He seems to know "when to get into the game." For example, in 2012 he thought of running for president. However, by luck, the timing and the demands of the Trump organization precluded him from moving forward toward a presidential bid at that time. Fortunately for him, he luckily chose the time when America was ready for a President Trump. It was really about the timing. And his luck, placed him in the right place at the right time.

Далее, у него не только широкие и разнообразные интересы, но и инстинкт превращать все в прибыльный бизнес. Интересы Организации Трампа распространяются не только на «Башню Трампа» и «Трамп-Продакшн», но также на участие в бизнесе и финансовом сообществе, в продажах и лизинге, образовании, журналах, производстве льда, шоколада, стейков, украшениий для домашнего интерьера, ипотеке и медиапродукции.

Кроме того, Трамп является успешным автором – им написано около пятидесяти книг. Смерть старшего брата-алкоголика – причина, по которой Трамп полностью отказаться от употребления спиртных напитков. Он также является большим поклонником профессиональной борцовских единоборств (World Wrestling Entertainment). Нам еще предстоит узнать, сможет ли он позволять себе просмотры боев при напряженном графике работы в Белом доме. Трамп твердо верит в удачу. Несмотря на свои деловые навыки и инстинкт, он считает, что удача играет большую роль в успехе. Я также думаю, что у него есть «шестое чувство», своеобразный инстинкт, и он мастерски использует подходящий момент. Похоже, он знает, «когда нужно вступать в игру». Например, в 2012 году он хотел баллотироваться на пост президента. Однако, к его счастью, сроки и требования Организации Трампа не позволили ему продвигаться в этом направлении в то время. А вот теперь, на свое счастье, он выбрал момент, когда Америка была готова к президенту Трампу. Весь вопрос здесь был вопросом верного момента. На свою удачу он оказался в нужное время в нужном месте.

America was sick of politics and sick of the inability of government to solve problems such as unemployment, the safety of Americans, illegal immigration, health care, and interactions on the world stage. Government, in the minds of many, was impudent. This was particularly true with working class people, as was well as others who sensed that America's prestige and sense of fairness was eroding away. Donald Trump did not talk like an evasive politician. To the masses, evasive politicians are those whose interests seemed to the masses to be more concerned with a successful election run, rather than serving their constituents. Donald Trump seemed to speak like the common man using unsophisticated language in identifying the mismanaged system which was the failure that the common man believed it to be. In essence, he spoke about their frustrations. To understand this, I might paraphrase a popular joke at the time.

Donald Trump and a Washington D.C. politician were walking down the street together. They spied a homeless man lying in the street. Donald Trump went up to the homeless man and gave him twenty dollars to buy food. He also gave him his business card and said, "come to my office tomorrow and I will give you a job." Apparently, the Washington politician was impressed with this jester. When they encountered the next homeless man, the politician went over to him and wrote down the address for the welfare office. He then reached into Donald Trump's pocket and removed a twenty dollar bill. He gave the homeless man five dollars and kept fifteen dollars for the cost of administering the program.

Америку уже мутило от политиков, она устала от неспособности правительства решать такие проблемы, как безработица, безопасность американцев, нелегальная иммиграция, здравоохранение и взаимодействие на мировой арене. Правительство, по мнению большинства, вело себя нагло. Это особенно касалось представителей рабочего класса, равно как и тех, кто чувствовал, что престиж и справедливость в Америке подвержены эрозии. Дональд Трамп не говорил, как уклончивый политик. Для народных масс уклончивые политики – это те, чьи интересы, по мнению большинства, связаны скорее с успешным проведением выборов, нежели со служением своим избирателям. Дональд Трамп, казалось, говорил, как обычный человек. Он излагал все доступными словами и говорил о том, что плохо управляемая система пришла к своему краху. Это то, что уже давно видели и сами простые люди. По сути Трамп говорил о том, что и без того вызывало глубокое разочарование у многих граждан. Чтобы пояснить это, я расскажу вам анекдот.

Дональд Трамп и один из политических деятелей Вашингтонской администрации вместе шли по улице. Они увидели бездомного, лежавшего на тротуаре. Дональд Трамп подошел к бездомному и дал ему двадцать долларов, чтобы тот купил себе еду. Он также дал ему свою визитную карточку и сказал: «Приходите ко мне завтра, и я дам вам работу». Видимо, этот жест произвел большое впечатление на вашингтонского политика. Когда они встретили следующего бездомного, политик подошел и дал ему адрес службы социальной помощи. Затем он залез в карман Дональда Трампа, достал купюру в двадцать долларов, отдал пять долларов бездомному, а остальные пятнадцать долларов оставил себе как оплату за административные расходы.

In essence, I am saying that Donald Trump thinks like a working man. If something is broke, the solution is simple. Go to your toolbox, get a wrench and fix the problem. When Washington Politicians respond to a problem, they first set up a committee to look at the problem to determine if it is indeed a problem. After careful study, they set up a bureaucracy to address a problem which by now has become murkier and less understandable to everyone involved in the alleged solution. They call for accountability and continuous measurements to determine if the problem is being solved. Time and money is invested in this growing albatross until the problem seems to actually be solved. Unfortunately, the solution was inefficient and costly. In addition, by solving the problem, they created another problem by the resolution of the initial problem and the ballet of confusion continues. This was why many had lost faith in government's ability to perform the task of governing. Donald Trump it would seem, was the answer to their frustration.

As of the writing of this story, Donald Trump will be in office about two years. There are many unanswered questions and no one is capable of predicting the future of this unprecedented event. As he occupies the Oval Office, the Democratic Party and a cadre of liberal citizens are in a state of shock and disbelief that he won. They will no doubt join forces and oppose him as he moves forward with his agenda. They can be a well-coordinated political machine.

На самом деле я хочу сказать, что Дональд Трамп мыслит, как обычный рабочий. Если что-то сломалось, решение простое: достаньте ящик с инструментами, найдите подходящий ключ и устраните проблему. Когда вашингтонские политики сталкиваются с проблемой, они сначала создают комитет, чтобы рассмотреть проблему с точки зрения определения, действительно ли она является проблемой. После тщательного изучения вопроса, они создают бюрократический аппарат для решения проблемы, которая к этому времени стала более серьёзной и менее понятной для всех, кто участвует в предполагаемом решении. Политики призывают к прозрачной отчетности и непрерывным измерениям, чтобы определить, решается ли проблема. Воронка проблемы затягивает время и деньги до тех пор, пока проблема решается. И даже когда решение найдено, это решение может оказаться, к сожалению, неэффективным и дорогостоящим. Кроме того, пытаясь решить исходную проблему, они создают еще целый ряд проблем – и кордебалет неразберихи продолжается. Вот почему многие потеряли веру в способность правительства эффективно справляться с задачами управления страной. Дональд Трамп, казалось, был ответом в этой безысходной ситуации.

На момент написания этой заметки Дональд Трамп сидит в кресле президента всего-навсего 100 дней. Есть много оставшихся без ответа вопросов, и никто не может предсказать будущее этого беспрецедентного события. Пока Трамп располагается в Овальном кабинете, демократическая партия и либерально настроенные граждане находятся в состоянии шока и неверия в то, что он действительно победил. Они, без сомнения, объединят свои силы и будут противостоять ему, когда он озвучит свою повестку дня. Они могут быть хорошо скоординированной политической машиной.

This group understands the nuances of politics; they are highly intelligent and will be extremely creative and aggressive in how they pursue their goal of defeating Donald Trump.   They will be assisted by a liberal news media who Donald Trump himself has declared war on.   I predict they will use every strategy including opposing him in the congress, public demonstrations and an ultimate call for impeachment.   Will President Trump's followers continue to support him?   Will his abilities and skill as a businessman give him the tools that he needs to be successful?   Will his luck preserve him?   Only time will tell.   In his favor is the fact that a number of governments with more liberal leaders are feeling the pressure to become more conservative and less liberal.   Particularly in Western Europe, there is almost a Trump backlash occurring with its citizenry.   This could help President Trump.   Moreover, if he can successfully carry out some of his campaign promises, he could build strength from this foundation.   He is at war with a large political machine and only time will tell if he will persevere and overcome.

During his campaign, President Trump pledged a number of goals to accomplish. His top five priorities were:

1. Repeal Obama-care: So far he has successfully ended some of the more complex parts of the law
2. Build a wall at the Southern Border: The wall is currently under construction.
3. Suspend immigration from terror-prone places: After many court battles, this has come to pass.
4. Cut taxes for everyone: Effective in 2018, many now have larger pay checks.
5. Appoint a conservative Supreme: Both Judge Neil Gorsuch and Brett Kavanaugh have been appointed.

There is an old American saying that states, "Absolute power corrupts absolutely." Could he succumb to the political pressure and become the very thing he campaigned against? If his attitude of making the deal and thinking big is not working, could he find comfort in forming alliances with the very political machine he has pledged to oppose and has campaigned against? This type of thinking does not seem to be a possibility at this time.

Эта группа понимает нюансы политики, они очень умны и будут чрезвычайно творческими и агрессивными в том, как они будут преследовать свою цель – победить Дональда Трампа. Им будут помогать либеральные СМИ, которым Дональд Трамп объявил войну. Я предсказываю, что они будут использовать любую стратегию, в том числе противостоять ему в Конгрессе, устраивать публичные демонстрации и призывать к окончательному импичменту. Будут ли последователи президента Трампа продолжать поддерживать его? Будут ли его способности и навыки предпринимателя давать ему инструменты, которые необходимы для успеха? Удастся ли ему сохранить победу? Время покажет. В его пользу говорит тот факт, что ряд правительств, куда входят либеральные лидеры, почувствовали необходимость стать более консервативным и менее либеральным. Особенно это касается Западной Европы, где наблюдается почти беспрецедентная реакция граждан на избрание Трампа. Это может помочь президенту Трампу. Более того, если ему удастся успешно выполнить некоторые из своих предвыборных обещаний, он сможет в дальнейшем черпать силы, опираясь на этот фундамент. Трамп находится в состоянии войны с большой политической машиной, и только время покажет, сможет ли он выстоять и победить.

Существует старая американская поговорка, которая гласит: «Абсолютная власть развращает абсолютно». Сможет ли он не поддаться политическому давлению и не стать тем, против чего он борется? Если его предпринимательские навыки и широкомасштабное мышление перестанут работать, сможет ли он найти утешение в создании альянсов с той самой политической машиной, которой он обещал противостоять, и против которой выступал? В наше время такой тип мышления не представляется возможным.

Yet, I am reminded of the old adage which states that, "Politics make strange bedfellows." Sometimes one must sleep with the devil to be successful. The art of the deal can take many twists and turns. Will President Trump remain true to his course? We shall see.

I am also asked whether President Trump will actually build a wall on the southern border. I believe he will have some success in this endeavor. More than anything else, the wall is a symbol of a failed immigration policy. Both sides of the government acknowledge that something needs to be done to better secure the borders. Donald Trump will probably increase border security by hardening barriers along the southern boundary and by recruiting additional border security personnel. He will employ technology which will make migration to the north more difficult. He may actually construct some part of a wall in various places; however, I doubt it will be a physical wall along the entire border. He will also look at immigration policy in terms of existing undocumented workers and those that have overstayed their visas. He will propose ways of solving the problem. He will meet heavy resistance from his liberal dissenters and the battle could ultimately define the success of his presidency. This will be interesting to watch.

Тем не менее, я вспоминаю старую пословицу, в которой говорится, что в нужде с кем не поведешь. Иногда приходится вступать в связь с дьяволом, чтобы добиться успеха. Искусство заключения сделок может принять самые неожиданные повороты. Будет ли президент Трамп оставаться верным своему курсу? Поживем – увидим.

Меня также спрашивают, создаст ли президент Трамп стену на южной границе. Я верю, что он добьется некоторого успеха в этом деле. Кроме всего прочего, стена является символом неудачной иммиграционной политики. Обе стороны правительства признают, что необходимо что-то сделать для лучшей защиты границ. Дональд Трамп, вероятно, повысит безопасность границ, упрочив барьеры вдоль южной границы, и привлечет дополнительных сотрудников для ее охраны. Он будет использовать технологию, которая сделает миграцию на север более трудной. Он может фактически построить какую-то часть стены в разных местах; однако, я сомневаюсь, что это будет физическая стена вдоль всей границы. Он также рассмотрит иммиграционную политику с точки зрения существующих незарегистрированных работников и тех, кто живет с просроченными визами. Он будет предлагать пути решения проблемы. Он встретит сильное сопротивление со стороны своих либеральных инакомыслящих, и эта битва может в конечном итоге определить успех его президентства. Будет интересно за этим понаблюдать.

His current budget is not very favorable to the environment and to social programs. He can expect a battle from both the environmental lobby groups and from agencies and groups who value public assistance as a necessary part of being an American. There is little doubt that he will ultimately have to modify his thinking by reallocating and supporting these causes. How he does this remains to be seen.

Insofar as relations with Russia, President Trump was perhaps a better choice in melting the cold relationship garnered by the previous administration and selected news media. Unfortunately, the American people remain bombarded by rumors and charges from the political enemies of President Trump who maintain that collusion with the Russian government is what won the election for Donald Trump. This attempt to vilify Russia and attach Donald Trump to this alleged sinister force was a campaign strategy. Moreover, recent reports of Russian hacking into computer systems and spying will make it difficult for President Trump to extend a peaceful handshake. I believe that the Trump administration feels that more can be accomplished by working with Russia than creating friction which serves no useful purpose. Logically, the Trump administration will attempt to resolve the tensions of the past and find ways to work with Russia to everyone's mutual benefit. The question will be however, will his political enemies let this happen.

Текущий бюджет Трампа не очень благоприятен для окружающей среды и для социальных программ. Он может рассчитывать на нападения как со стороны групп экологического лобби, так и со стороны агентств и групп, которые считают государственную помощь необходимой частью того, чтобы быть американцем. Трудно сомневаться в том, что в конечном итоге ему придется изменить свое мышление, перераспределяя и поддерживая эти программы. Остается только посмотреть, как он это сделает.

Что касается отношений с Россией, то президент Трамп был, пожалуй, лучшим выбором для того, чтобы растопить холодные отношения, полученные в наследство от предыдущей администрации и от некоторых СМИ. К сожалению, на американский народ по-прежнему обрушивают слухи и обвинения политических противников президента Трампа, которые утверждают, что сговор с российским правительством помог Трампу одержать победу на выборах. Эта попытка очернить Россию и сделать Дональда Трампа союзником «сил зла» была стратегией кампании демократов. Более того, после недавних сообщений о взломе российскими хакерами компьютерных систем и шпионаже президенту Трампу будет труднее протянуть руку для мирного рукопожатия. По моему мнению, администрация Трампа считает, что, сотрудничая с Россией, можно добиться гораздо большего, нежели создавая трения, которые не служат никакой полезной цели. В соответствии с логикой администрация Трампа попытается разрядить напряженность, созданную в прошлом, и найти способы работать с Россией для всеобщего блага. Однако вопрос будет состоять в том, допустят ли это его политические противники.

Another factor which many do not consider is that of an exterior threat. No doubt the Trump administration will be tested by forces exterior to the United States who may not wish Americans well. Hopefully, nothing will occur along the lines of a Pearl Harbor, or a 911. Still, how President Trump behaves in dealing with this threat could be very telling for his administration. Traditionally, American citizens do not take kindly to direct threats on their existence or things they consider to be a morally or ethically wrong. When such incidents occur, they will stand firmly with their political leaders regardless of party affiliation, particularly when they feel that there is an exterior enemy that threatens their way of life. President Trump may well be challenged in this manner during his first four years.

1. Perhaps the most pivotal challenge will be the economy. If he can make positive progress in developing a productive and successful economy, his presidency may have a chance to succeed. Creating a better standard of living and putting unemployed people back to work can be a powerful tool in establishing the Trump administration as a servant of the people. So far, lower unemployment rates and a successful serge in stock prices can testify to his economic recovery ideas. I am quite certain that the political machine will take every opportunity to sabotage his plan. Much is dependent on the advisors and personnel he chooses to support moving his economic program forward.

Еще один фактор, о котором мало кто думает – это проблема внешней угрозы. Несомненно, администрация Трампа будет проверена на прочность внешними силами, которые, скорее всего, не желают американцам добра. Надеюсь, не произойдет ничего, что напомнило бы Перл-Харбор или 11 сентября 2001 года. Однако то, как поведет себя президент Трамп в борьбе с этой угрозой, может быть очень показательным для его администрации. Традиционно американские граждане не проявляют любезности в отношении прямых угроз их жизни или тому, что они считают морально или этически неприемлемым. Когда происходят такие инциденты, они твердо выступят на стороне своих политических лидеров независимо от их партийной принадлежности, особенно когда они почувствуют, что есть внешний враг, который угрожает их образу жизни. Это – вполне ожидаемый вызов Президенту Трампу, который может быть брошен в течение первых четырех лет.

И все-таки наиболее важные задачи лежат в сфере экономики. Если Трамп сможет добиться поступательного прогресса в развитии продуктивной и успешной экономики, его президентство будет иметь шанс на успех. Обеспечение более высокого уровня жизни и создание новых рабочих мест для безработных может стать мощным инструментом в построении нового имиджа для администрации Трампа – имиджа слуги народа. Я совершенно уверен, что политическая машина будет использовать любую возможность для срыва его планов. Многое зависит от советников и персонала, которых он выбирает для поддержания и продвижения своей экономической программы.

Historically, and as a business man, he seems to surround himself with a successful team. Perhaps thinking big, combined with a good management team, and a large of element of luck can turn the tide for the Trump administration. This "common man" image in the White House will provide interesting times for the United States of America and the rest of the world to watch. Currently, the ultimate outcome of these unusual times is unknown.

Исторически и как деловой человек он, кажется, окружил себя командой, состоящей из успешных людей. Возможно, масштабное мышление в сочетании с хорошей управленческой командой и большой элемент удачи могут переломить ситуацию для администрации Трампа. И Соединенным Штатам, и всему остальному миру будет интересно понаблюдать за этим «простым человеком» в Белом доме. На данный момент окончательный результат этого необычного явления неизвестен.

About the Author

Dr. Botkin has been a College professor for almost 40 years. He has taught at a number of universities including Hood College, the University of Maryland, and graduate courses at Frostburg State College and the University of Maryland graduate college. He has been a professor of sociology at Frederick Community College for over 30 years and has also taught at Howard Community College. He has been a guest lecturer at St. Petersburg State University, Kuban State University, Lviv Polytechnic Institute, and other colleges and universities in Russia and former Soviet states. He is sought after for his knowledge of teaching and for his knowledge of Eastern European cultures.

In addition to his bachelors and master's degree, Dr. Botkin Holds a Ph.D. from the University of Maryland at College Park (1985). Dr. Botkin has also taken additional graduate work beyond his Ph.D. at Morgan State University. He has published a number of academic articles in sociological journals and has been an international conference speaker on many occasions.

This book will be his third publication of a solo book and will follow in his tradition of educating the reader by immersing them in the culture as seen through every-day eyes. After reading the work, it is the author's hope that the reader will more clearly understand daily forces which influence American thinking and logic.

Об авторе

Доктор Боткин занимает должность профессора колледжа почти 40 лет. Он преподавал в ряде университетов, включая Колледж Худа, Университет штата Мэриленд и в аспирантуре Государственного колледжа Фростберга и Колледжа Университета штата Мэриленд. Он является профессором социологии Фредерик муниципального колледжа на протяжении более 30 лет, а также преподает в Ховардском муниципальном колледже. Маршал Боткин – приглашенный профессор Санкт-Петербургского государственного университета, Кубанского государственного университета, Львовского политехнического института, других колледжей и университетов в России и государствах бывшего СССР. Он пользуется известностью благодаря знанию преподаваемого предмета и восточно-европейской культуры.

Кроме степеней бакалавра и магистра, Маршалл Боткин получил степень доктора философии в Парк-Колледже Университета штата Мэриленд (1985). Получив докторскую степень, доктор Боткин написал еще и дополнительную диссертацию в Государственном университете Моргана. Он опубликовал ряд научных статей в социологических журналах и много раз выступал с докладами на международных конференциях.

Эта книга будет его третьей монографией, в которой он следует своим традициям образовывать читателя, погружая его в культуру и повседневную жизнь. Автор надеется, что, прочитав эту книгу, читателю станут понятнее те ежедневные факторы, которые влияют на американское мышление и логику.

Suggested readings

Рекомендуемая литература

Casa, Brenda Della, How it feels to be on Welfare, *Huffington Post, November 12, 2013*

Giddens, Anthony and others, Essentials of Sociology, *fifth addition, W.W. Norton and Company, New York N.Y. 2015*

Hamm, Trent, 365 Ways to Live Cheap: Your Everyday Guide to Saving Money, *Adams Media, Avon, Mass., 2008*

Hudson, Christopher, Killing Fields, *Dell Publishing, 1984*

Lewy, Guenter, America in Vietnam, *Oxford University Press, 1980*

Macionis, John J., Social Problems, *sixth addition, Pearson Publishing, Boston, 2015*

Maslow, A. H. (1943). A Theory of Human Motivation. *Psychological Review, 50(4), 370-96.*

McLeod, S. A. (2007). Maslow's Hierarchy of Needs. Retrieved from
http://www.simplypsychology.org/maslow.html

National Restaurant Association, "Facts at a Glance," 2015

http://www.restaurant.org/News-Research/Research/Facts-at-a-Glance

Stack, Carol, All Our Kin, 1970

Stansberry, Porter, America 2020: The Survival Blueprint, *Stansberry Research,*
Baltimore, Maryland, 2014